映画じゃないんだから、
うまくいかなくても大丈夫。

ジェーン・スー
高橋芳朗

JN152041

ポプラ文庫

はじめに

ジェーン・スー

これは、ラブコメ映画から恋愛テクニックを学ぶ本ではありません。ラブコメディ（もしくはロマンティックコメディ）と呼ばれるフィールドで描かれる物語を通して、自分自身の輪郭を愛情を持ってなぞり、確かめるための本です。

ラブコメ映画には、観ている人の心を世知辛い現実から引き離し、束の間でも幸せにする効果があります。それが大義名分と言ってもいいくらい。

複雑な人間関係やキャラクターが持つ多面性による葛藤や衝突は求められず、あまり頭を使わなくても楽しめるものが多いのも特徴です。なぜなら、「複雑な人間関係やキャラクターが持つ多面性による葛藤や衝突」を、私たちは現実社会で嫌というほど味わっているから。基本的に、ラブコメ映画という枠は深淵な人間ドラマを入れるには適していません。

だからこそ、さじ加減が難しい。荒唐《こうとう》無稽《むけい》すぎては心がついていきませんし、義が暴走すると、さすがにシラケてしまう。「あるわけないが、ありえるかもしれない」の細道を如何に観客に歩かせるかが、制作陣の腕の見せどころでしょう。

ラブコメ映画にはいくつかの基本フォーマットがあります。「ラブ」とつくくらいですから、愛をベースにした物語であること。恋愛や結婚生活を描いた作品が多いのはそのせいです。

次に、起承転結がハッキリしていること。ラブコメ映画の最大の特徴でありハンディキャップでもある点は、誰と誰が最終的に結ばれるのか、宣伝ポスターにハッキリと写っているところです。映画が公開される前から、盛大なネタバレを作り手が率先してやっている。わかりやすいですね。

よって、そのふたりがどう出会い、どんな出来事を通して、どんな風に結ばれるのかを、どう描くかに作り手の手腕が問われます。

基本フォーマットがしっかり存在するからこそ、ラブコメ映画を何本も観たあとは、そこから逸脱したラブコメ作品も楽しめるようになります。その逸脱は意図的なのか、それともコントロールを失ったからなのかもわかるようになります。

さて、この本の楽しみ方ですが、どこから読み始めていただいても構いません。つい最近観た作品以外は、作品のオフィシャルサイトや動画サイトの公式チャンネルが公開しているトレーラー（予告編）を観てから読むのを推奨します。登場人物の姿がイメージできたほうが、間違いなく何倍も楽しめます。

大衆向けの娯楽作品であるラブコメ映画をどう楽しむか、難しいことを考える必要はありません。ページをパラパラとめくり、パッと目に留まった作品を観ていくと、気付いた時には好みの作品群のなかに自分自身が立ち昇ってくるでしょう。

ラブコメ映画があなた自身のセラピーになることを願って止みません。

ジェーン・スーと高橋芳朗が
独断と偏見で決めた！

ラブコメ映画 4つの条件

1 気恥ずかしいまでのまっすぐなメッセージがある

2 それをコミカルかつロマンチックに伝える術を持つ

3 適度なご都合主義に沿って物語が進む

4 「明日もがんばろう」と前向きな気持ちになる

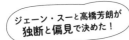

もくじ

BEER

1章

可能性は無限大！
夢を叶えるガールズパワー

『プラダを着た悪魔』

「私らしさ」を決して忘れなかった女の子の成長譚

story

『キューティ・ブロンド』(アメリカ・2001年)

大学でファッション・マーケティング戦略を学び、社交クラブの会長を務めるエル・ウッズ。政治家志望の恋人ワーナーからのプロポーズを待ち望んでいたが、「ブロンドは議員の妻にふさわしくない」とフラれてしまう。ワーナーがハーバード大学のロースクールに進学するため、彼に認めてもらおうとエルも受験し合格するのだが……。

出演：リース・ウィザースプーン、ルーク・ウィルソン、セルマ・ブレア
監督：ロバート・ルケティック
脚本：カレン・マックラー・ラッツほか

高橋　純然たるラブコメとは言い難い映画ではあるんだけど、いまだに熱烈に支持されている大傑作。２０１６年の公開15周年の際には海外のメディアでも特集記事が組まれていたし、女性のエンパワメントやフェミニズムの観点からも現地での評価はめちゃくちゃ高い。なかには「エル・ウッズ（リース・ウィザースプーン）はフェミニストの究極のロールモデルだ！」なんて記事もあったぐらい。

スー　大前提として、これは「バカな女の子ががんばった話」ではないんですよ。そうじゃなくて「偏見と戦った女の子の話」。アメリカはルッキズム（外見至上主義）が日本の比じゃないってことが、映画を通して見るとよくわかる。ブロンドヘアで胸が大きい女性に対しても根強い偏見があって、「Ｂｉｍｂｏ」（見掛けは良い

が知性に欠ける女性の蔑称《べっしょう》）なんて言葉もあるくらい。容姿がよくない人がいじめられるのと同じように、容姿のいい人はバカだと思われて除外される。映画のなかでは主人公のエル・ウッズが外見のせいで徹底して人に信用してもらえない場面がいくつも出てくるけど、これってめちゃくちゃキツいことだよね。

高橋　そもそもエルはオールAをもらうぐらいに成績優秀。ファッション販売促進で学士号も取得しているから普通に努力家なんだよね。

スー　エルは苦労を知らずに育った西海岸の典型的な白人のお金持ちなわけだけど、彼女がどれだけ裕福かは「アーロン・スペリングの向かいに住んでる」ってセリフからもよくわかる。これはラブコメ映画お馴染みのメタ視点で、アーロン・スペリングはあの『ビバリーヒルズ青春白書』のプロデューサー。そんな人が近所に住んでるということでかなりの豪邸に住んでることがわかるし、エルがビバヒル的な世界から飛び出してきた女の子だということを示唆してる。

ハーバード大学受験の時、PRビデオがハーバード的じゃないことに面食らって、教授たちは一瞬エルを合格にするのを躊躇《ちゅうちょ》するシーンがあったじゃない？　エルの成績はまったく問題がないのに。で、最終的に彼女を合格にする根拠として「多様性」という言葉を使った。でもエルが「多様性を持つ」と判断された根拠は、彼女の外見やビデオでのアピール方法が「ハーバード的じゃない」ってだけ。ビジュアルだけで「多様性」という言葉で括られてしまうのは偏見と言えば偏見。なかなかヘビーな現実ではある。

高橋　エルは政治家志望の恋人ワーナーからケネディ元大統領を取り巻く女性たちを引き合いに出されて「議員の妻にふさわしいのはジャクリーン・ケネディであってマリリン・モンローではない」なんて言われてフラれてしまうわけだからね。

スー　そんなワーナーにプロポーズされることが、エルが自分自身を認めることができるようになる唯一の方法だったけれど、最終的には「こんな男なんかいらない！」って言えるようになる。そこまでの成長譚だよね。本当に素晴らしい。

何があっても絶対にめげない、あきらめない

高橋　ハーバード入学後に登場するキャラクターでルッキズムに毒されていないのは弁護士のエメット（ルーク・ウィルソン）ぐらいなんだよね。

スー　確かにそう。エルは授業を追い出されたり、学生同士の勉強グループに入れてもらえなかったりと、なかなか居場所をつくることができなかった。私もアメリカの大学に留学していたときにそういう洗礼を浴びたことがあって、エルの悔しい気持ちがよくわかる。でも、エルはなにがあっても絶対にめげないんだよね。あ

きらめない。

高橋　そのうえ、エルはさりげなく気遣いができる素敵な人。周囲の人々は決まって彼女をルックスで判断するんだけど、逆にエルは一流弁護士であろうとトレーラーハウスの住人であろうと誰とでも分け隔てなく接している。

スー　エルはすべてにおいて機転が利くよね。彼女のセリフで気に入ってるのがいくつかあって、そのうちのひとつが大学の教授にピンク色の紙にプリントされた香りつきの履歴書を提出するシーン。エルは「変わってたほうが印象に残るでしょ？」って言ってその場を去っていくんだけど、ここが彼女のさじ加減の絶妙なところ。最初は大学の寮にポルシェで乗りつけたりして、「変わってる」ことが完全なノイズになっていたでしょ？　でも、徐々に大学のムードにフィットするようなライフスタイルに変えていってる。彼女らしさを残しつつね。環境に馴染みつつも、彼女以外は誰も思いつかないようなアクセントを残しているから、印象には残るけどノイズにはならなくなった。

これは誰でもいますぐ参考にできる方法だよ。生真面目な弁護士カバンに、スカーフをつけていたのも象徴的だったな。弁護士はみんながみんな、同じような黒いカバンを持っていたでしょう？　エルはあんなカバンを持ち歩きたいわけじゃないんだけど、はみ出しすぎないようにみんなと同じカバンを持ってる。でも、キレイなスカーフをカバンの取っ手に巻いて周りと差別化を図ってるんだよね。遠くから見てもエルのカバンだってことはすぐわかる。私たちは「カバンにスカーフ」のアイデアから学ぶことがたくさんあると思う。エルの衣装遍歴も見ものよね。

高橋 最初はあからさまな異物だったのに、環境に応じてアジャストしていく過程にエルのクレバーさがよく表れているよね。他にもセール品を高く売りつけようとした意地悪なアパレル店員を持ち前のファッション知識であっさり撃退したり、クラスメイトの男子が好きな女の子をうまく誘えなくて悪戦苦闘しているときに絶妙な助け舟を出してあげたり、やることなすこといちいちスマート。あくまで自分の経験則に基づいて物事を解決していくあたりがまたかっこいい。

スー 両方ともすごくいいシーンだよね。どの世界でもエルがエルらしく、エルのままでいても大丈夫なんだって伝えようとしてる制作サイドの意図がよくわかる。最終的に、エルは自分の美容の知識で事件を解決していくわけだしね。

被害者に留まり続けない強さを持つ

高橋 改めて強調しておきたいのは、この映画がストレートなラブコメディではないということ。恋愛要素もあるにはあるんだけど、そこに比重は置いていない。

スー　そうそう。ラブコメ映画は主人公の性格をわかりやすく誇張して描いたり、逆に主人公以外のキャラクターをかなり表層的に描いたりする傾向があるんだけど、この映画はそのバランスを保ちながらもそれぞれの人物の多面性をうまく見せてると思った。恋敵《こいがたき》であるヴィヴィアンの悩みを描いたりとかね。

高橋　前にスーさんが「ラブコメ映画を楽しめるようになると性善説を信じられるようになる」と言っていたことがあったけど、この映画にはまさにそんな魅力があると思う。エルに偏見を抱いていた女性たちが徐々に結託していくクライマックスへの流れは本当に最高！

スー　あれは高まる！　ラブコメ的な点を挙げるとすれば、最後のスピーチのシーンで卒業生総代のエルに映画の主題を全部言わせちゃうところ。ラブコメ映画ならではの親切心だなと思って爆笑しちゃった。あと、エルを見ていて、応援したくなる人ってこういう人なんだなってわかった。周囲からの応援をちゃんと糧にできる人って、素直だったり、他人のせいにしなかったり、絶対にあきらめなかったり、そういう要素を持ってる。意地悪されても、被害者に留まり続けない強さがある。今作は大人を元気にしてくれる映画だし、娘さんがいる人にもぜひ観てもらいたいな。

視点を変えれば、これ以上のプラトニック・ラブもない！

story

『プラダを着た悪魔』（アメリカ・2006年）

オシャレに無関心なジャーナリスト志望のアンディ。数ある出版社に履歴書を送ったが、受かったのは一流ファッション誌『ランウェイ』のカリスマ編集長ミランダのアシスタントだった。その仕事はミランダの理不尽な要求に振り回される過酷なもの。仕事に慣れていくにつれ私生活はめちゃくちゃに。アンディの恋と仕事の行方はどうなる!?

出演：アン・ハサウェイ、
メリル・ストリープ、
エミリー・ブラント
監督：デヴィッド・フランケル
脚本：アライン・ブロッシュ・マッケンナ

高橋　今回公開以来ひさびさに観たんだけど、まったく色褪《あ》せていなくてびっくりした。2000年代のエンパワメントムービーとしては『キューティ・ブロンド』（2001年）と双璧といってもいいぐらいに普遍的な良さがある映画だと思う。その『キューティ・ブロンド』がそうであるように、正直ラブコメ色は希薄なんだけど。

スー　アンディ（アン・ハサウェイ）と恋人ネイトの恋愛モノとしては、ね。ネイトはヒロインの恋人なのに印象が希薄。この作品におけるネイトって、まともな人間らしい生活を表象《ひょうしょう》する装置でしかないと思う。だから「アンディとネイト」のラブコメ映画ではない。鬼編集長ミランダ（メリル・ストリープ）が住む悪魔の岸の、対岸に住んでるのがネイトっていうだけ。

高橋　ネイトは単なる「恋か仕事か」の二項対立の象徴ではないと？

スー　私にとっては、『プラダを着た悪魔』って「ミランダとアンディのラブストーリー」と捉えた方がしっくりくるの。最初はミランダに反発していたアンディが、彼女の仕事っぷりとカリスマ性と生き様に徐々に惹かれていく話。「認めさせてやる！」が「認められたい！」になり、ミランダの弱さを知ったあとは「役に立ちたい、助けたい」になって、最後には彼女からの自立でしょ？　これって往年のメロドラマの筋書きじゃん。ミランダとアンディの軸で観ると、ラブコメ映画の4つの条件にもドンズバなのよ。性愛が絡まないからこそ、想いの真剣度も高いんじゃないかな。プラトニック！

高橋　その指摘は目から鱗！　これはつまり「ラブコメ的魅力を持ち合わせた非ラブコメ映画」というものも確実に存在するというわけか。ともあれ、ミランダとアンディのラブストーリーという観点からまた改めて見直したくなってきたよ。

スー　ミランダが唯一弱みを見せた相手って、アンディだけだもの。普段は強気で嫌な奴が弱っている姿を唯一見せられて、ほだされて……。完全に恋愛だわ。ミランダもアンディも、お互いに媚《こび》を売ったりコントロールしようとしないところが私は好き。ミランダは、アンディをうまく動かそうとして甘い言葉を使ったり、弱みにつけこんだりしないじゃない？　アンディもそうなの。「こうやればミランダはこう動くはず」みたいなことをしない。媚びへつらいやご褒美でお互いを支配しようとしないところが、とてもよかった。お互いガチンコ勝負なのよ。

デキる女上司に憧れる気持ち、実は恋心!?

スー あれだけ雑に扱われたら、アンディはミランダの見ていないところでミランダを軽く扱っても不思議はないと思うの。「ああいう人って、ほんとは寂しいのよね」とか、相手をリスペクトせず、軽く見て溜飲《りゅういん》を下げるようなことを言ったりとか。でも、映画のなかのアンディは「ミランダ、本当に嫌い！」って真っ直ぐな気持ちしか言わない。素敵よね。

高橋 アンディは口うるさい先輩アシスタントのエミリー（エミリー・ブラント）への接し方にもリスペクトがあるんだよな。そもそも普通こういう設定だったら、もっと彼女をカリカチュアされた意地悪キャラとして描きそうなものなんだけど、そうしなかったところにこの映画の本質的な良さがあると思っていて。それは当初ファッションアディクトな同僚たちに冷笑的な態度をとっていたアンディが、わりとすぐに彼らに敬意を抱くあたりにも通じることなんだけど、『ランウェイ』のスタッフはみんな自分たちの仕事に矜持《きょうじ》を持って働いているんだよね。この映画の大きな魅力のひとつってその清々しさにあるんじゃないかな？　アンディが職場になじんでいくのも、そこに気づいて彼らの姿勢を尊重するようになってからだよね。

スー　あの有名な青のセーターのシーンで、アンディは洗礼を受けるのよね。「家のクローゼットからあなたはその冴えない〝ブルーのセーター〟を選んだ。〝私は着るものなんか気にしないマジメな人間〟ということね。でも、その色はブルーじゃない。セルリアンよ。２００２年にセルリアンは８つのコレクションに登場。たちまちブームになり、全米のデパートや安いカジュアル服の店でも販売され、あなたがセールで購入したその〝ブルー〟は巨大市場と無数の労働の象徴よ。でも、とても皮肉ね。〝ファッションと無関係〟と思ったセーターは、そもそもここにいる私たちが選んだのよ」っていうミランダのセリフ、最高に痺れるわ。この場面、スタートから22分よ。ここまでまったく息をつかせないテンポの良さも特筆すべき。

高橋　オープニングのミュージックビデオ的な作りのタイトルバックがすでに「サクサクいくからよろしく！」という宣言のようにも受け取れるんだよね。このスピード感とそこからくる高揚感は、マンハッタンとファッション業界に身を置いている疑似体験にもなっているんだろうな。

スー　忘れてはならないキーパーソンは、ミランダの右腕として働くナイジェル（スタンリー・トゥッチ）。シンデレラにおける魔法使いみたいにヒロインを助けるだけじゃなく、覚醒《かくせい》させる役割を担っているから。ナイジェルに「ウェイクアップ、スウィートハート」って言われて、アンディは一度目の覚醒をする。「これは仕事なんだ、甘えてはいけない」と。で、二度目に「これは私の進みたい人生ではない」とウェイクアップするきっかけを作ったのもナイジェル。ナイジェルありがとう!!

高橋　ナイジェルがアンディの良きメンターになっていく流れはちょっと感動的なんだよね。

スー　ナイジェルは、ミランダを誰よりも尊敬しているのよ。人としての弱さも理解しているはず。だからこそ、アンディは保身のためにナイジェルを裏切ったミランダが許せない。アンディは仁義の人だからね。ミランダのことをリスペクトしてはいるけど、仁義の通らないことをしたから離れる決断をする。「普通の生活がしたい」と撤退したわけではないの。

選ぶのはいつだって自分自身

スー　ミランダはアンディに矢継ぎ早に悪魔の選択を強《し》いてくるけど、選んでいるのはあくまでアンディなのよ。そこを気付かせるミランダの恐ろしさよ。ミランダはアンディに言うんだよね。「あなたは私に似ている。なぜなら、人が何を求めているか、何を必要としているかを超えて、それを自分の判断にできるから」って。

高橋　いちいちの選択は一見ミランダが誘導しているようだけど、実はアンディ自身が選び取っていると。

スー　そうそう。アンディは、一時期友達と疎遠になるじゃない？　あれも、強いられているようでアンディが選んでいることだから。私も同じような無理難題が飛んでくる仕事をしていたから共感してしまったわ。無茶な仕事って中毒性が高いのよ。めちゃくちゃだけど、めちゃくちゃな人の才能に惚れてしまうのよね。飛びぬけた成果を出すには、無理難題をオーダーするしかないのもわかるし。顕微鏡じゃないと見られないような細かいことまでチェックされたり、ウンザリすることもあったわ。でも才能に惚れてしまうと、どんな球でも拾いたくなるし、拾えるようになった自分にプライドも出てくるわけよ。しかも、それを超えて目標を

高橋　達成したときには、すごい景色を見ることができる。ハマってしまうのよね。

スー　レコード会社で働いていたころの体験談かな？　めちゃくちゃ説得力あるね。ご存じのとおり、これは半分実話というか、ミランダのモデルになった人物はアメリカ版VOGUEの編集長、アナ・ウィンター。決しておとぎ話ではないっていうのも、恐怖と言えば恐怖。同じ仕事をしていた友だちが、この映画を観たあと思ったんだって。「私はあそこで携帯を捨てられなかった！　だからまだこの仕事をしているの」って。確かに、捨てられる人と、捨てられないままの人がいる。アンディは捨てられたから次のステップに踏み出せたわけで、しかも恋人のためではなく自分らしくいるために捨てた。勇気をもらえるわ。

高橋　恋のためではなく自分のため、というのが重要なポイントなんだろうね。それは『キューティ・ブロンド』にしてもそう。ラブコメ映画とエンパワメントムービーがクロスオーバーしてきた最近の時流のなかで、改めて『プラダを着た悪魔』について考えたのは良いタイミングだったんじゃないかな。

不器用でもあきらめずに進めば、必ず扉は開く！

story

『恋とニュースのつくり方』（アメリカ・2010年）

勤務先から突然解雇を言い渡されてしまったテレビプロデューサーのベッキー。すぐにニューヨークのテレビ局から声がかかるものの、任されたのは超低視聴率番組だった。彼女は番組を立て直すために伝説の報道キャスター・マイクをメインに起用するも彼はわがまま放題でなかなか好転しない。ベッキーの努力は報われるのか？

出演：レイチェル・マクアダムス、ハリソン・フォード、ダイアン・キートン
監督：ロジャー・ミッシェル
脚本：アライン・ブロッシュ・マッケンナ

スー　これは必見よ。恋愛だけでなく、人間の普遍的な関係性がていねいに描かれていて、それぞれの正義の話でもある。約10年前の作品ながら、いま観ても十分楽しめる作品だわ。「自分の信条を信じること、ヘコんでもあきらめずに突き進むこと、ぶつかることを恐れないこと。さすれば必ず扉は開く！」という熱いメッセージも伝わってくるしね。

高橋　仕事中心の生活になりがちな人はアバンタイトル（プロローグ）の段階でベッキー（レイチェル・マクアダムス）に感情移入してしまうはず。朝のワイドショー番組のプロデューサーで毎日午前1時に起床する彼女は恋人を見つけようにも早めのランチデートするほか手段がない。しかも、デート中も携帯が鳴りっ放しだ

から、気になる相手と親交を深めることすらままならないという。

スー　うん。鬼のように働く女性は、冒頭のベッキーのデートに共感しまくりだろうな。忙しすぎるアラサー女が主人公という点では、非常に『プラダを着た悪魔』（以下、プラダ）的。アンディがベッキーでミランダがマイク（ハリソン・フォード）。舞台は「超一流の雑誌『ランウェイ』」ではなく「低迷気味のワイドショー『デイブレイク』」だけどね。

高橋　スーさんが唱えていた「『プラダ』はアンディとミランダのラブストーリー」という見立ては、ここでのベッキーとマイクの関係性にも当てはまるのかもしれないね。そういった意味でも単なるラブコメにとどまらない多角的な魅力をもった映画といえるんじゃないかな。『プラダ』との共通点としては、ナイジェルを彷彿とさせるシニアプロデューサーのレニーの存在もそう。彼の優しい眼差しが入ってくることで安心してベッキーの奮闘を観ていられるところは確実にあると思う。

スー　レニーには家族がいるところが、ナイジェルとの大きな違い。彼は家族を大事にしつつ、ベッキーにも最大限協力していたよね。この作品は『プラダ』より「仕事かプライベート（家族やパートナー）、どっちが大事か」問題が深く掘り下げられてると思うの。後半、ベッキーに他局の人気番組から引き抜きの話が来るじゃない？　それに対するベッキーの決断は、『プラダ』でミランダがアンディに放った最後のセリフへのアンサーでもある。

高橋 なるほど！　同じ脚本家でテーマも重なるところがあるわけだから、実際に意識している可能性は大いにあるよ。

スー 『プラダ』との大きな違いは、彼氏であるアダムの役割が物語の中でポジティブに作用しているところ。同じ業界だからなのか、理解があるよね。「仕事と俺、どっちが大事？」のフェイズを軽々と超えていたのが感動的だった。アダムはベッキーに妬みもひがみもないし、とてもサポーティブ。いきなり恋愛が始まったのにはちょっと面食らったけど、時間を経るにつれ納得できる場面が増えていって……。「こんなに簡単に恋が始まっていいの？」と感じさせる序盤は、逆に良いミスリードかもと思ったくらい。ふたりがくんずほぐれつ盛り上がってた夜にトラブルが起こったけど、アダムはベッキーに仕事を優先させることを勧め、さりげなくアドバイスもした。あれは良かったな。『プラダ』の彼なら「仕事を選ぶんだ。どうせ俺なんて」ってひがんで終わり。

長年の夢よりも大切なものを手に入れたら？

スー　観れば観るほど『プラダ』へのアンサーという感じだったわ。たとえばね、『プラダ』のヒロイン・アンディが手にしたのは「やりたかった仕事」ではなかった。けれど、鬼上司ミランダの心意気にほだされてがんばった。そして、新たな決断をした。一方、ベッキーは「やりたかった仕事」を手に入れたけれど、長年の夢より大切なもの（『デイブレイク』という家族）ができたから決断を変えた。ベッキーがニューヨークのテレビ局に面接に行ったとき、「君の前の上司と話したよ。いままでクビにしたスタッフの中でもっとも優秀だと言っていた」って言われた場面があったじゃない？　あれも『プラダ』と対になってるよね。『プラダ』好きにはことさらオススメの作品だわ。そもそもベッキーは優秀なのよ。体当たりのがむしゃらに見えて、ちゃんと策がある。欲しいキャスターを手に入れるために契約書を熟読し、穴を見つけて交渉したり。ビジネスの基本ができてる。

高橋　そう、ベッキーはめちゃくちゃ切れ者なんだよ。転職初日の番組会議では矢継ぎ早に浴びせられる質問疑問を聖徳太子ばりにさばいたうえ、スタッフがずっともてあましていたセクハラキャスターを即刻解雇して瞬時に信頼を勝ち取るからね。

スー　あれは観てて気持ちよかった。要所要所に、いままでベッキーがちゃんと仕事をしてきたのがわかる場面がある。仕事ができる女の作品は多々あるけど、今作はそういう意味で最も説得力あるかも。『デイブレイク』で長年キャスターを務めるコリーン（ダイアン・キートン）とマイクが最初に顔を合わせるとき、どちらがどちらの楽屋に挨拶へ行くかで揉めてたじゃない？　最初は右往左往してたベッキーだけど、最終的にはお互いの楽屋のちょうど中間地点で顔合わせさせてた（笑）。〝あきらめずにやり抜く〟という描写が多数あるのよ。

自分のフィールドであきらめずに突き進む

スー　そうそう、やる気がなかった『デイブレイク』のスタッフたちが、ベッキーのおかげでどんどん楽しそうに仕事をするようになって、キラキラ輝いていくじゃない？　文句垂れのコリーンでさえ、いきなりの体当たり企画に「こういうのがやりたかった」と大盛り上がり。細かいシーンの積み重ねで、みんなのボルテージが上がっていくところを伝えてくる。私の気持ちも盛り上がりました。

高橋　うん。チームでなにかを成し遂げる喜びをスタッフ間で共有し始める一体感が徐々に物語をドライブさせていくという。

スー　すると自動的に、冷笑派のマイクがひとり取り残されていく姿が浮き出てくるわけで。コントラストがくっきり。「こんなはずでは……」を、表情ひとつでみせてくるマイク演じるハリソン・フォードのすごさ！

高橋　ハリソン・フォードもダイアン・キートンもノリノリで演じているのがよくわかる。コメディとしてはふたりのベテランキャスターの攻防が最大の見どころになるだろうね。

スー　掛け合いが素晴らしいのよね。ふたりの丁々発止が生放送されたら番組の数字が上がったっていうのも、リアリティ・ショー的だったわ。万事快調だと思っていたら、突然容赦のない一報が入る。あそこからの加速がすごかった。

高橋　もうあとがないベッキーは、話題になりそうなネタなら片っ端から番組に取り入れていく。なかでも当時人気絶頂だったラッパーの50セントに直談判して彼の早朝スタジオライブを敢行したのは痛快だった（笑）。

スー　ラブコメ映画ながら、それぞれの信条や正義のぶつかり合いは本当に見もの。自分のフィールドで自分の正義をまっとうし、結果的に事態を好転させる後半のマイクも見どころ。あのシーンには思わず鳥肌が立ったよ。

高橋　マイクが自分の流儀をああいうかたちで見せつけてこようとはね。あのくだりは生放送ならではのわちゃわちゃ感も含めてすごくスリリングだったな。でも、ようやくこれでベッキーとマイクのあいだに信頼関係が生まれて一件落着、と思ったら……甘かった（苦笑）。

スー　あれは私も時期尚早《じきしょうそう》だと思ったけどね。ベッキーにおごりが出てしまったのね。しかし、そこからの新たな展開に、再び鳥肌が立ったので結果オーライ。「私も腐らずがんばろう！」と思ったよ。あと、ベッキーが上に対して常に勇敢な態度をとるのにも励まされた。いい作品です。

2章

人の数だけ愛のかたちは存在するのよ

『ホリデイ』

情けなくて、気まぐれだけど、やっぱり愛っていい！

story

『ラブ・アクチュアリー』（イギリス／アメリカ・2003年）

秘書への恋心に悩む英国新首相のデヴィッド、親友の結婚相手ジュリエットに密かに思いを寄せるギャラリー経営者マーク、弟に恋人を寝取られた作家のジェイミー、愛する妻を亡くした傷心のダニエルなど、クリスマスのロンドンを舞台に男女19人のさまざまな愛のかたちをアンサンブル形式で見せる群像劇。

出演：ヒュー・グラント、リーアム・ニーソン、コリン・ファース
監督：リチャード・カーティス
脚本：リチャード・カーティス

スー　久しぶりに観返して、あまりの素晴らしさに、しばらくソファから立てなくなっちゃったよ。〝クリスマス〟というラブコメ映画鉄板の季節を舞台にした作品はたくさんあるけれど、さまざまな愛のカタチを表現していて、ほかとくらべて頭三つくらい飛びぬけているように感じる、モンスターラブコメ映画だね。

高橋　最高のクリスマスムービーであることはもちろんだけど、もはやラブコメ映画の最高傑作のひとつと言い切っていいと思うよ。監督／脚本は『ノッティングヒルの恋人』（1999年）の脚本を手掛けたリチャード・カーティス。意外にもこれが彼の初監督作品。

スー　気軽に楽しめる作品でありながら、本質的には「愛とはいったいなんなのか」という難題を、エンターテインメントとして余すところなく伝えてくる。音楽も雄

弁だったね。

高橋 うん。初っ端のタイトルバックでビリー・マック（ビル・ナイ）が歌う「Christmas Is All Around」からして物語の牽引役を担っているからね。これはイギリスのロックバンド、トロッグスの1967年のヒット曲「Love Is All Around」（愛はそこら中にあふれてる）の替え歌なんだけど、ぜひオリジナルの歌詞と照らし合わせて聴いてほしいな。
ちなみに、リチャード・カーティスの出世作でヒュー・グラントとの初タッグ作になる『フォー・ウェディング』（1994年）の主題歌はウェット・ウェット・ウェットによる「Love Is All Around」のカバーだったりする。しかもこれが全英チャートで当時最長の15週連続1位を記録する大ヒットになっているんだけど、そんな背景を踏まえるとビリーが往年の名曲を歌って一発当てようと目論んでいる設定はなんだか自虐的なジョークに思えてくる（笑）。ビリーも自分から「クソみたいな曲」と言ってるしさ。

スー そうそう。皮肉っぽく始まる物語なのに、いつのまにか涙がこぼれてくるから不思議。無関係に見える人たちが最後につながってくるのはアンサンブル映画の定《じょう》石《せき》だけど、終盤に向けてどんどん胸が温かくなっていくのよね。

首相との恋も、小学生の片思いも、価値は同じ

スー　本や映画って、読み返したり観返したりするたびに印象に残る場面が変わったりするじゃない？　今回、私は作家のジェイミー（コリン・ファース）とポルトガル人の家政婦オーレリアの「言葉のない愛について」のエピソードにグッときてしまって。昔観たときには記憶にすら残っていなかったのに。

高橋　そんなふたりは結局思いを伝えられないまま別れることになるんだけど、それぞれ確信をもって、あることに取り組むんだよね。

スー　その尊さに号泣よ。現実なんて、言葉は通じるのに話が通じないことばっかりなのに。ジェイミーとオーレリアは「言語」というツールを用いて、相手を本当に思いやる愛とはどんなものかを教えてくれるのよね。それ以外のエピソードも、きれいごとだけじゃないのよ。愛って崇高なものではなく、情けないし、気まぐれだし、ズルいし自分勝手だし、下心とピュアさは常に背中合わせだし……。お互いの愛情が50《フィフティ・》／50《フィフティ》なこともないじゃない？　愛って不均衡なんだよ。愛の情けなさや身勝手さを存分に表現しつつ、それでもなお「愛っていいな」と我々に思わせる技量に完全降伏だわ。おとぎ話とリアリティのある話が混在している

から、普通なら観ている方のテンションが乱高下すると思うんだけど、どちらも丁寧に丁寧に描いているから、「もしかして、あるかも」って思っちゃうんだよね。良い物語の必須事項は、壮大な嘘を信じさせるための細かいリアリティの積み重ねだって聞いたことがあるけれど、まさにそれ。

高橋 同じクリスマスを舞台にしたラブコメ映画では『あなたが寝てる間に…』（1995年）もそうだけど、素晴らしいホリデーシーズンをみんなで分かち合おうというクリスマススピリットが物語の根底に息づいているんだろうな。そもそもラブコメの性善説的な世界観とクリスマススピリットはめちゃくちゃ相性がいいんだよ。

スー なにがすごいってさ、首相との恋も、小学生の片思いも、すべてちゃんと同価値に思えるところなのよ。愛に貴賤がない。作り手の矜持だと思う。

高橋 うん。そのスタンスは最後の最後で明確に提示されるよね。「愛に貴賤なし」ということで聞いておきたいんだけど、ジュリエット（キーラ・ナイトレイ）に片思いしてるマークがクリスマスイブにとる行動、あれってどう思った？　普通に考えれば絶対にアウトだと思うんだけど、あそこに至るまでのマークの葛藤に思いを馳せつつ「これでいいんだ」と自分を諭すようにつぶやきながら去っていく彼の姿を見ていると、怒濤の群像劇の流れの中ということもあって泣けてきちゃって。

スー あれだけで観るとやや気持ち悪い話だよね……。このマーク役のアンドリュー・リンカーン、どっかで見たことあるなあと思いながら観てたんだけど、『ウォーキング・デッド』の主人公だよね！　俳優陣の豪華さも、この作品の特筆すべきポイントかも。大物になる前の俳優がたくさん出てる。

高橋 豪華なカメオ（ゲストとしてほんの短い時間出演すること）もこの映画の大きな見所のひとつ。アメリカへナンパ旅行に行くコリン（クリス・マーシャル）のエピソードに登場するのがデニス・リチャーズとシャノン・エリザベスだったり。

スー イギリスではモテなくても、アメリカでならモテるはずだって思いこむ青年のエピソードね。で、連れて帰ってきたのが思いっきりステレオタイプなアメリカ人女性！　演じる役者はデニス・リチャーズ！　アメリカに対して必ず辛辣な目を向けることを忘れないのがリチャード・カーティスだよね（笑）。リチャード・カーティスは天才脚本家にして、ラブコメ映画の神様。

愛を知ることは痛みを知ることでもある

スー あとさ、冒頭のモノローグで9・11に触れているじゃない？　世界が傷ついている時期に愛をテーマにしたエンターテインメント作品を発表することの意義について、深く考えさせられたわ。「愛を知ることは痛みを知ることでもある」ということもしっかりと伝えているしさ。

高橋　有事の直後、いろいろな価値観が大きく揺さぶられたタイミングで作られたからこそ、時代の変化にもビクともしない地に足のついた映画になったのかもしれない。2004年の公開時にも試写会で見て「とんでもない傑作が出てきた！」とラブコメ友だちと大騒ぎしていたんだけど、あれから20年近く経ったいまも当時の印象とほとんど変わっていないのは本当にすごい。

スー　ポリコレ（ポリティカル・コレクトネス）的に「困ったな」ってなるシーンもほとんどなかったかも。強いて言えばアジア人が出てこないことくらい？　けど、そんなリチャード・カーティスがインド人の青年を主人公にしたビートルズの物語『イエスタデイ』（2019年）を書いたわけですよ！　ちゃんとアップデートしてるとも言える。観たことない人の家をキャロル（聖歌隊）のように一軒一軒訪ねて、DVDを配って歩きたいくらいだよ。お願いだから観てって（笑）。

高橋　聖歌隊といえば、首相のデヴィッド（ヒュー・グラント）がナタリー（マルティン・マカッチョン）の家を探してハリスストリートの住宅街を一軒一軒訪ねて回るシーンが大好きで。要所要所にちりばめられたほっこり温かいユーモアがまたこの映画の多幸感を高めている……ってまた観たくなってきちゃったよ！

失恋したときは、まず勇気をもって惨めな自分を受け入れる

story

『ホリデイ』（アメリカ・2006年）

ロンドンの郊外に住むコラムニストのアイリス。ハリウッドで会社を経営するアマンダ。クリスマス直前になって恋に破れたふたりは、家や車を交換して休暇を過ごす「ホーム・エクスチェンジ」のサイトで出会い、意気投合。早速翌日に家の交換を実行することに。そこでふたりに新たな出会いが待っていた！　彼女たちの恋の行方はどうなる？

出演：キャメロン・ディアス、ケイト・ウィンスレット、ジュード・ロウ
監督：ナンシー・マイヤーズ
脚本：ナンシー・マイヤーズ

高橋　クリスマスを舞台にしたラブコメ映画としては『ラブ・アクチュアリー』（2003年）が絶対的定番として君臨しているけど、これも忘れるわけにはいかない。

スー　気分転換に期間限定で家を交換しただけで、人生を変えるようなドラマが起こるなんてね。ラブコメ映画としての完成度が非常に高かった。我々が提唱する4つの条件をすべてクリアしてる。

高橋　しかも、そのすべてがハイクオリティ。そういった意味ではラブコメ映画の入門編としてもうってつけの作品かもしれない。

スー　ストーリー展開のミスリードや、回収しそびれた伏線はほとんどないよね。そのふたつが目に付くと興醒めしちゃうけど。全編通して遊び心にあふれていて、ラ

ブコメ映画に興味がない人でも十分に楽しめると思う。今作でグッときたセリフは「映画のなかには主演女優とその親友がいる。君は主演女優のはずなのに、なぜか親友役をやっている」というもの。年配のご近所友だちアーサーが、アイリス（ケイト・ウィンスレット）に対して言った言葉ね。彼女に「自分の人生を生きろ」と発破をかけるシーンがとても感動的で。あのセリフは、アーサーの役柄がハリウッドの黄金時代に活躍した脚本家ということもあって、非常に響いたね。

高橋　あとは「三銃士」のくだり。ここは注目してほしい！　あれはぐっときたなー。アマンダ（キャメロン・ディアス）の「15歳のときから泣けなくなった」というセリフの回収ぶりも鮮やかだった。

現実でこんなことが起きたら最高なのに！

スー　ささやかなシーンのちょっとしたセリフなんだけど、なぜか心に残る。それがあとからきれいに回収されていく気持ち良さったらないよね。『ホリデイ』は現代を舞台にした最高のおとぎ話。普段から「ありえないけど、こうなったら素敵だな」なんて思っているような妄想展開が、矢継ぎ早に繰り広げられる。随所にリアリティが宿っているから、自分の生活と都合よく関連付けられて没入しやすいのよね。そもそも、観てる側の「だったらいいな」を汲み取って形にしてくれるのがラブコメ映画で、今作でいえば「愛があれば遠距離をもいとわない」とか、「恋人の浮気に悩まされていても、最終的には新しい恋で乗り越える」とか、現実でこんなことになったら最高だなぁ～って夢がぜんぶきれいに詰まってる。いわゆるご都合主義だけど、ご都合主義に没入させるには腕がいるよ。

高橋 「現代を舞台にした最高のおとぎ話」というところでは、映画冒頭のアイリスのモノローグが絶妙だよね。「愛に関する格言はほとんどすべて真実だ。シェイクスピアいわく『愛に出会えば旅は終わる』。そんな経験は私にはないけど、シェイクスピアにはあったはずよ」って。ここでいきなり物語に引き込まれる。

スー 前に「ラブコメの必須アイテムとして、『こんなところに住めたら最高』と思える、ほどよくおしゃれな家が出てくること」って言ってたじゃない？　『ホリデイ』はまさにそんなお家が出てくる！　ＬＡのアマンダの家とロンドンのアイリスの家、どっちも住んでみたくなるような素敵な家だもの。アマンダの家は真似のしようがないけどね（笑）。

高橋 それぞれまったく別の魅力を持った家なんだけどね。アマンダのプール付きの大豪邸、アイリスの石造りのコテージ。後者に関してはジュード・ロウ付き！

スー ラブコメ映画の大事なお約束、「物語が進んでいくにつれ、主人公がどんどんチャーミングになっていく」に関しても完璧だったわ。映画が始まって間もないころのアマンダは、ただのうるさい女でイライラしちゃった。けれど、アイリスの兄グラハム（ジュード・ロウ）と出会ったあたりから徐々に印象が変わってきて、最後は本当に可愛く見える。「なんでこんなに可愛くなるかな？」っていうぐらい。

高橋　「わざとメイクで調整してるのかな？」ってレベルだよね。これぞラブコメマジック！

スー　その魔法にかかっていく過程を見るのもラブコメ映画の醍醐味のひとつ。変化を楽しむと言えば、忘れてはならないのがグラハム。物語のキーパーソンでもあるね。彼の立ち回りは人間臭くてよかった。非の打ち所のないかっこいい男が本気で人を好きになった結果、誰も知らなかった情けない部分がダダ漏れになっていくんだもの。かっこいいだけじゃない男になっていくのを、時間をかけて見せていくところが味わい深い。

高橋　僕もグラハムに一票。ラブコメのセオリーでいくと好きになった相手の素性が明らかになっていく過程で必ずネガティブな要素が出てくるんだけど、グラハムの場合はそういう減点型じゃないんだよね。もう知れば知るほどいい奴！　アマンダが乗り越えなくちゃいけない壁の高さを考えると、このぐらいパーフェクトに誠実な男じゃないと整合性がとれないっていうのはあるんだろうけど。

スー　さっき話したご老人のアーサーも、キーパーソンとしては捨て難いね。アマンダに比べると、アイリスの恋物語は進展しづらいんだよ。彼女の性格のせいもあって、魅力が伝わりづらい。基本的に受け身のタイプだし。アイリスに感情移入して見てしまう人も多いんじゃないかな。そこにアーサーが登場して、彼との交流でアイリスの素晴らしさがどんどん花開いていく。アーサーはアイリスが新しい恋に向き合うきっかけも作ってるしね。

「好き」というだけでは、どうにもならないこともある

スー　お互いに惹かれ合っていても、「好き」というだけではどうにもならなかったり。憎からず思っている同士でも、腐れ縁のパートナーがいて前に進めなかったり。そのあたりのリアリティが雄弁。すべてをきれいに乗り越えられるのはとても寓話的だけど、夢が一度に叶えられちゃうから、難しいこと考えずに「明日もがんばろう！」って気持ちになったよ。これぞラブコメ映画の効能。

高橋　アイリスとマイルス（ジャック・ブラック）のレンタルビデオ店デートもいいんだよな。『(500)日のサマー』（2009年）のイケアデートの甘酸っぱさには及ばないけど、付き合う直前や付き合いたてのころにツタヤに行くのはめちゃく

ちゃ楽しいよね。

スー あのシーンはいいよね、まさかのカメオ出演もあったりするし。ちょっとネタバレ気味だけど映画終盤のアマンダがコテージに向かって走っていくシーンも最高。いくつものドアや柵が彼女の行く手を阻むんだけど、あのひとつひとつがアマンダの心のストッパーのメタファーになっていて、それを彼女自身が外していくように見えた。あと、アイリスがキャッチホンでグラハムとアマンダと交互に話すシーンもよかったな。笑っちゃう。

高橋 アマンダとグラハムが最初に一晩過ごした翌朝のふたりのぎこちないやりとりもリアルでよかった。お互い確実に惹かれ合ってるんだけど、探り探り距離を詰めていく感じが可愛らしくもスリリングで。うん、良いシーンを挙げていったらキリがないぐらいだね。

スー ヨシくんも私も公開されたタイミングで観てるのに、当時よりも100倍印象が良かったのは年齢が関係しているからだと思う。アラサーよりもアラフォーにおすすめしたい感じはあるね。

高橋 失恋して落ち込んでるときに観ると、どん底から抜け出すヒントをもらえるかもしれない。やっぱり勇気をもって惨めな自分を正面から受け入れないとなかなか事態は好転しないよね。

見た目が変われば、失った愛も取り戻せる!?

story

『ラブ・アゲイン』（アメリカ・2011年）

真面目を絵に描いたような40代のキャルは理想的な人生を送っていた。しかし、妻のエミリーが男をつくり、離婚を考えていると知ったときから、彼の人生はもろくも崩れ去る。そんなキャルの前に現れた30代のプレイボーイのジェイコブは、キャルに一花咲かせてやろうと「男磨き」のレクチャーをすることに。キャルの人生は一体どうなる!?

出演：スティーブ・カレル、ライアン・ゴズリング、ジュリアン・ムーア
監督：グレン・フィカーラ、ジョン・レクア
脚本：ダン・フォーゲルマン

スー　ラブコメ映画っていうと、惚れた腫れたで女がバタバタする物語も多いけど、これは男性が主人公のお話。見どころは、ふたりの男の変化。ひとつ目の変化はファッション。男性のファッションが長くしっかり映るラブコメ映画って意外に少ないんだよね。今作では、ライアン・ゴズリング演じるジェイコブがキャル（スティーブ・カレル）に「おまえの服のサイズは42。にもかかわらず44のサイズの服を着ている」と言うシーンがあって、ジェイコブの指南であれよあれよという間にキャルが別人のように輝き出すのにワクワクしちゃった。男性もファッションひとつで垢抜けるってことが、わかりやすく描かれているんだよね。「ジーンズはGAP以外の店で買え」とか「スニーカーは捨てて革靴を履け」とか、そう

いう荒っぽいアドバイスを受けることで、生きる気力を失いかけていたキャルが本当にかっこよくなっていく。

高橋　愛の尊さを謳うラブコメは本質的に「人間やっぱり中身が大事！」みたいな結論に帰結するケースがほとんどなんだけど、この映画に関してはそういう方向に話を進めていきながらも併行して「でも見た目だって重要！」というメッセージも訴えている。キャルの内面の変化は、ファッションと女性に対する振る舞いの基礎を学ぶことから始まってるわけだからね。

スー　ラブコメ映画の王道のひとつに「イケてない人がなんらかのきっかけで急に人生がうまくいきはじめる。でも、そのあとで調子に乗って大失敗。大切なものを失うが、最終的には一度手放したものを取り戻す。めでたしめでたし」というパターンがあって、これも基本的にはそれだよね。

状況の変化でパワーバランスは変わる

高橋　容姿に無頓着な女の子がなにかしらのガイドによって洗練されていく、みたいな話はよくあるんだけど、その男バージョン。しかも大人の男性を対象にしたものはめずらしいかもしれない。そのうえ、ジェイコブがキャルに説いていることは

スー　すぐに実生活に取り入れやすいものが多くて。ファッションはサイズ感を気をつけるだけでぜんぜん見え方が変わってくるとか、初対面の女性と話すときにはどうやって話題を広げていくかとか、結構実用性が高い。

バーでいかにうまく女性を引っ掛けるか、とかね。社交の場でどういう男性が嫌われるのかはっきり示されているから、女性にとってはあるあるだし、男性にとっては参考になるかも。あと、いい女を連れてウハウハやっていたとしても、イケてる男だって最終的には「自分の心を理解してほしい」って願望を持ってると描かれていたのもよかった。そうであってほしいものだわ。

高橋　うん。そのへんはすごく丁寧に描かれているよね。

スー　男ふたりの友情を軸にして、彼らの周りのいろいろな世代の恋愛模様が描かれているあたりも見応えがある。状況の変化でそれぞれの立場やパワーバランスがころころ変わるから、見てて飽きないし。まさかあの子があの夫婦の……とかね。

高橋　それと、ケヴィン・ベーコンの無駄遣いも見ものです。

なかでは男の子のファンタジーを地でいくようなキャルの息子ロビーとベビーシッターのジェシカのエピソードがティーンムービー的な甘酸っぱさがあっていいね。物語をひっかきまわすこのカップルが純ラブコメ的な多幸感を強調しているところもあると思う。

この恋が本物だと確信したら、真摯に思いを伝える

スー　プレイボーイのジェイコブが本気の恋に落ちてしまい「俺に個人的な質問をしてくれ」っていうシーン、あそこがいちばん好きだな。「ジェイコブ、本当は理解者が欲しくて、寂しかったんだな!」とじんわり。それまでは女の口説き方として「自分の話は一切するな。相手の話を聞け」ってさんざんキャルにレクチャーしていたわけだから、余計にぐっとくる。おすすめポイントである「男ふたりの変化」のふたつ目がこれでした。

高橋　ジェイコブがハンナ（エマ・ストーン）と一気に心を通じ合わせるシーンね。僕もここに便乗させてもらうと、ジェイコブがハンナを家に招いたとき、彼がレコードプレイヤーでドリス・トロイの「Just One Look」をかけるくだりがとにかく最高。これは1963年にヒットした古いリズム&ブルースの曲なんだけど、プレイボーイのジェイコブが「一目で恋に落ちてしまった」なんて歌詞の可愛らしい曲をあえてドーナツ盤でかけるあたり、彼のハンナに対する遠回しの所信表明みたいですごく素敵だったな。自分はチャラチャラしてるように見えるかもしれないけど、この恋は本物なんだっていうジェイコブの誠実さを音楽で端的に示

した名場面だと思う。

スー　こうして話してると、この映画は女性も楽しめる男性の成長譚と言ってもよいかもね。

高橋　うん、確かに。キャルとジェイコブはもちろんなんだけど、ロビーにしてもそうだよね。

スー　ロビーを軸に描かれる大きなテーマは「ソウルメイト」。「魂の伴侶は存在するのか?」がキーメッセージになってる。そんなこと真顔で話したらめちゃくちゃ気恥ずかしいけど、おもしろおかしく描きながらも芯を食ってまとめているのが素晴らしい。男性の成長譚であると同時に、この人がソウルメイトだって確信したら真摯に思いを伝えなきゃってことを教えてくれる映画でもある。

高橋　うんうん。年をとったせいなのか、公開当時に観たときよりも刺さるセリフが多かったな。まあ、いい年にもなっていまだにニューエラのキャップをかぶったりニューバランスのシューズを履いたりしている身としては「イタタタ……」ってなる場面もすごく多くて。ジェイコブがキャルのファッション改造に乗り出して、彼をショッピングモールに呼びつけるんだけど、まず最初になにをするかというとニューバランスのシューズをその場で脱がせて投げ捨てるんだよね。

スー　あれすごい衝撃的だったわ。カジュアルファッションの男性にとってはちょっと耳が痛いかもね。

高橋　いやー、たいへん勉強になりました！

幸せの条件は「〇〇〇がいること」ではない

story

『恋愛だけじゃダメかしら?』（アメリカ・2012年）

予期せぬ妊娠発覚、長年の妊活の末ようやく妊娠、養子を迎える決断など、全世界で3500万部を売り上げたベストセラーのエッセイをもとに、親になろうとする5組のカップルのさまざまな姿を映し出す群像劇。妊娠・出産という人生の転機に直面した女性たちは何を考え、どう行動を起こすのか……。

出演：キャメロン・ディアス、ジェニファー・ロペス、エリザベス・バンクス
監督：カーク・ジョーンズ
脚本：ショーナ・クロスほか

高橋　キャメロン・ディアスにジェニファー・ロペスにアナ・ケンドリック……ラブコメ然としたキャストにラブコメ然としたタイトルが乗っかってるから誤解を招きやすいんだけど、実はこの映画、ベストセラーのエッセイ『すべてがわかる妊娠と出産の本』を原作とする5組のカップルの群像劇。いわゆるラブコメらしいラブコメをイメージして観ると肩透かしを食らうかもしれない。

スー　原題は『What to Expect When You're Expecting』（妊娠中に予期されること）だもんね。妊娠と出産に際して、父親と母親が直面する諸問題を描いた作品。「恋愛がうまくいってこそ女の子の人生は輝く」みたいな古い価値観が変わってきて、ラブコメ映画もテーマの変化を余儀なくされているけれど、これは新たなラブコメ像を垣間見せてくれる。あるカップルの恋愛が成就するまでのプロセスを楽し

む映画ではないから、従来の王道ラブコメとはアプローチがちがう。
それでいて、ラブコメ映画に必要な4つの条件を十分に満たしてるのが驚き。「富や名声よりも家族が大事」って気恥ずかしくもなりがちなメッセージを真っ直ぐに打ち出しながら、5組のカップルを通してさまざまな愛のかたちがあることを提示して、なおかつ「子どもがいなければ幸せになれない」という呪縛も解いているんだから素晴らしいよ。子どもの誕生を祝福する映画ではあるんだけど、子どもがいないカップルも幸せになれるんだってことを、同じ枠内でちゃんと見せてくれるんだからさ。しかも説教臭さが一切ない。

高橋　また物語が進行していくにつれて微妙にリンクしてくる5組のカップルの交通整理が鮮やか。その手際の良さは『ラブ・アクチュアリー』(2003年)を連想したほど。登場する5組のカップルは、35歳をすぎて妊娠したフィットネス系の人気タレントのジュールズとエヴァン、2年に及ぶ妊活が実ってようやく子宝に恵まれた子ども洋品店オーナーのウェンディとゲイリー、軽い気持ちでセックスをしたら妊娠していることがわかったロージーと高校時代の同級生マルコ、年齢差を超えて妊娠に成功したゲイリーの父ラムジーと彼の幼妻《おさなづま》スカイラー、そしてエチオピアから養子を迎えることを決心したホリーとアレックス。じつはすべてのカップルが妊娠／出産を経験するわけではないという。

スー　そう。ホリーとアレックスはエチオピアから養子を迎える選択をするんだけど、ここではいわゆるアダプト（養子縁組）する家族の苦悩や喜びも見せている。子どもを持つまでの道のりはひとつじゃないってことを、ここまでポップかつおもしろおかしく提示できているのはさすがだよ。

タスクを背負っても、それ以上に幸せなことがある

スー　男性の子育てについても時間を割いて扱ってるのもいいよね。ヴィク・マックをはじめとする育児クラブのお父さん軍団がベビーカーを押して公園を散歩してるシーンが最高。実際に子育て中のヨシくんから見てどうだった？

高橋　男の育児に関して議論になっていること、課題になっていることは日本もアメリカも基本的に変わらないんだなって。だから子育てを終えた人、いま子育て真っ只中の人が観ても十分おもしろいとは思うけど、出産を控えたパートナーがいる人が観ておくといろいろと得るものが多いかもしれない。ここで話されているようなことをわきまえておくかどうかで育児に対する態度は結構変わってくるんじゃないかな。僕ももっと早く観ておきたかったよ。

スー　女が好んで観るものとされてきたラブコメ映画だけど、いまは必ずしもそうじゃ

ないよね。独身プレイボーイのデイヴィスが出てくるじゃない？　彼は育児に勤しむ男たちが失ったものをすべて持ってる勇者《ゆうしゃ》みたいな存在。でもヴィク・マックが「だからといって育児してる俺たちが幸せじゃないと思ってるんだとしたら、それは大きな間違いだ！」ってはっきり言うんだよね。いろいろなタスクを背負ってでも、それ以上に幸せなことがあるんだよって。ラブコメ映画で女の子があやって高々と宣言するシーンはたくさん観てきたけど、男性の育児を当事者の男性があそこまで肯定するシーンを私は観たことがなかった。

高橋　さっきスーさんが「説教臭さが一切ない」って言っていたけど、石碑が立ってもいいレベルの育児の心得が普通の会話としてさらっと扱われていて。2012年の時点でカジュアルにこういう価値観が提示されているのは画期的だよ。

スー　育児に対してフラットに見えた。過剰な礼賛も悲嘆もない。みんな地に足がついてる。あとさ、妙にリアリティを感じたシーンがホリーの養子を迎えるくだり。あんなにほしがっていたのに、いざ迎えるとなったら「本当に大丈夫かしら」って、急に現実を受け止められなくなるところ。本来ならあのシーンを入れないほうがスムーズに話が進行していくのに、敢えて入れてる。

一般的に養子をもらうこと自体ピンとこないと思うし、それがエチオピアの子どもだったら余計に縁遠く感じてしまうだろうけど、あのワンクッションが入る

側にもホリーの覚悟を疑似体験させられるようなところがある

こかで苦労もする

妊娠／出産の素晴らしさを説くスピーチをするはずだったウェンディの講演シーンも見もの。あれは『セックス・アンド・ザ・シティ』で癌を患って頭髪が抜けたサマンサが金髪のかつらを脱ぎ捨てるシーンを彷彿とさせるものがあった。かっこいい綺麗事を言うんじゃなくて、妊娠の実態を正直に打ち明けることで共感を勝ち取るっていうね。逆にラムジーとスカイラーの年の差婚カップルはセレブ夫婦らしく余《よ》裕《ゆう》綽《しゃく》々《しゃく》でなにもかもがスムーズに進行して双子の出産にまで至っているんだけど、最後の最後で育児に手を焼いてる場面が挟み込まれて、芸が細かい。みんな必ずどこかで苦労する。ホッとするよね。

高橋　あのくだりはリアルだった。妊娠や出産は神秘的な側面が美化されて伝えられることも多いけど、そんな綺麗事ばかりでもないからさ。自然分娩の予定が突然帝王切開になるケースもめずらしいことではないからね。

スー　この作品の主人公って、赤ちゃんでも女性でもなく大人の男性なんじゃないかな。

そこが新しいなと思った。変わるために観る気付きの映画ではなくて、旧来型の性役割に懐疑的な人たちが、クエスチョンマークをほとんど感じずに楽しめるラブコメ映画でもある。

高橋 タイトルやルックスで敬遠されがちなのもわかるけど、男女問わずこの映画を観ることによって救われる人は確実にいると思うよ。

スー 自然と「子どもがほしい！」って気持ちになる映画でもあると思うんだけど、だからといって「子どもがいないと幸せじゃない！」なんてメッセージを出してるわけではもちろんないからね。この両方のバランスを絶妙にとってくれて嬉しいわ。子どものいない私でも、苦しい気持ちや後ろめたい気持ちにならずに見られたよ。

高橋 それにしても、ラブコメ映画が必ずしも「ボーイ・ミーツ・ガール」のお話ではなくなってきたっていうのは本当におもしろいよね。こんな未来はぜんぜん予想してなかった。

スー 恋愛のすったもんだを軸にしなくてもこのフォーマットは残るんだっていう発見でもあるよね。

ウェディングとラブコメ映画

ジェーン・スー

ラブコメ映画に結婚式シーンはつきものです。『ラブ・アクチュアリー』（２００３年・34ページ）で歌われる「オール・ユー・ニード・イズ・ラブ」はグッとくるし、『アバウト・タイム　愛おしい時間について』（２０１３年・138ページ）のこぢんまりとしたウェディングを観ると、愛し合うふたりの前では突然の大雨さえ歓喜のシャワーなのだとニンマリしてしまう。

ド派手ウェディングと言えば『セックス・アンド・ザ・シティ（ＳＡＴＣ）』（２００８年）のアレ。荘厳な歴史的建築物であるニューヨーク公共図書館で、世界一おしゃれな結婚式を……と舞い上がったキャリーと、大げさなことはしたくないビッグのすれ違いが生んだ悲劇。まだご覧になっていないかたのためにネタバレは避けますが、最終的には市役所が解決してくれるので大丈夫。

ＳＡＴＣのような派手さはありませんが、隠れゴージャスという意味では『クレイジー・リッチ！』（２０１８年・64ページ）のウェディングシーンも見もの。非日常の極みです。

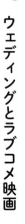

こういう、本筋に味つけをするちょっと良いシーンなら、いくらでもあるのです。しかし、「結婚式をテーマにしたラブコメ映画」となると、これがなかなか難しい。

というのも、世間が決めた結婚適齢期、つまりアラサーと呼ばれる年齢の女性が主人公の作品にはいくつかのパターンがあり、それが21世紀に入っても非常に古めかしいステレオタイプにとどまっているから。

たとえば、『ブライダル・ウォーズ』（2009年）、『ブライズメイズ　史上最悪のウェディングプラン』（2011年）や『バチェロレッテ　あの子が結婚するなんて!』（2012年）でお決まりのアペタイザーのように描かれる、女同士の子どもじみた張り合いや嫉妬の嵐。もしくは、『ウェディング・プランナー』（2001年）や『幸せになるための27のドレス』（2008年）の主人公のように、いつも人の世話を焼いて譲ってばかり＆我慢しっぱなしで、幸せをつかめないでいるキャラクター。『幸せになるための27のドレス』なんて、妹との張り合いもあるのでダブルスコアです。

随分前の作品にはなりますが、『プリティ・ウーマン』（1990年・107ページ）のゲイリー・マーシャルが監督、キャストもジュリア・ロバーツにリチャード・ギア、ヘクター・エリゾンドまで出ている『プリティ・ブライド』（1999年）や、これまたジュリア・ロバーツ主演の『ベスト・フレンズ・ウェディング』（1997年）は、ジュリア・ロバーツの魅力がなければ頭にクエスチョンマークが浮かび続けてしまうほど、主人公の行動が奇天烈。さすがに、最近こういうのは減ったかも。

アラサーの行動様式として言わんとしていることはわからなくもないですし、年齢的なことを考えると、共感する部分もなきにしもあらず。しかし、結婚式のことになると我を忘れて欲望がむき出しになるアラサー女たち以外の、結婚式をテーマにしたラブコメ映画がもっとあってもいいのではないかと思います。というか、ここ10年では前出のようなライトでカジュアルな結婚式ラブコメ映画が、あんまりないんですよね。もっと深淵なテーマを浮かび上がらせてくるようなものはあるのだけれど。

アラフォー以上が主人公になると、少し様相は変わります。やや冗長な点は否めませんが、ニコール・キッドマンの怪演が見ものの『ウソツキは結婚のはじまり』（2011年）には、その手の欲望のぶつかり合いは見られません。まったく本筋と関係ないところで、ニコール・キッドマンとジェニファー・アニストンが張り合う場面はあるものの。しかし、この作品は肝心の結婚式シーンにそこまで力を入れておらず、ウェディングムービーとは呼び難い。

おっと、若い世代の結婚で言えば、『プリティ・プリンセス2　ロイヤル・ウェディング』（2004年）がありました。しかし、これは結婚礼賛の逆をいくようなエンディングでしたし……。

要は、結婚への渇望や疑いのない肯定が、若い世代にはピンとこなくなったのでしょう。そりゃそうだ。恋愛こそすべて、というラブコメ映画のテーマ自体が、どんどん更新されているのだもの。

恋愛もいいけれど、それよりも大事なものがある。この新しいテーマを題材にし始めたラブコメ映画が、今後どんなアラサー世代の結婚式にまつわる作品を生み出していくのか、期待が高まります。

3章

恋のハードルは越えるためだけに存在する

『ロング・ショット　僕と彼女のありえない恋』

シンデレラストーリー？　いえいえ「仁義ある」女たちの戦いです

story

『クレイジー・リッチ！』（アメリカ・2018年）

大学教授のレイチェルは、生粋のニューヨーカー。恋人ニックの親友の結婚式に出席するために彼の故郷シンガポールへ同行することに。それまでニックの家族のことを聞かされていなかったレイチェルだったが、実は彼が富豪一族の御曹司だったことを知る。ふたりの交際をよく思わないニックの母親が仲を裂こうと画策し始めるが……。

出演：コンスタンス・ウー、ヘンリー・ゴールディング、ミシェル・ヨー
監督：ジョン・M・チュウ
脚本：ピーター・チアレッリほか

スー　原作者がアジア人ってだけでなく、大衆向け娯楽ハリウッド映画のキャストが99パーセントアジア人、かつ監督もアジア人で興業的にも大成功ってことが、マイノリティにとって大きな意味を持つ作品。にもかかわらず……非常に残念なんだけど、邦題からは「エイジアンズ」が外されてるのよ。原題は『Crazy Rich Asians』、その「Asians」が一番のキモなのに。

高橋　がっかりだよね……本当にがっかり。大げさじゃなく世界から取り残されたような気分になる。でも、この革命的な映画が王道なラブコメディであることにはぐっとくるね。

スー　ベースはド定番のシンデレラストーリー。ちょっと意外だったのは、公開時に映

画館で観たときよりも2回目のほうが楽しめたこと。とにかくすべてがゴージャスだから、初回は圧倒されてそこだけに目が行っちゃったのかも。ニック（ヘンリー・ゴールディング）の親友の結婚式のシーンなんて、ジャングルのなかに教会造って、新婦の登場とともに床に水まで流して川作っちゃうからね。

高橋 そうそう、庶民のレイチェル（コンスタンス・ウー）がそういうセレブリティの世界に足を踏み入れていく過程はギャルのエル・ウッズがアイビーリーグに乗り込んでいく『キューティ・ブロンド』（2001年）と重なるところもあると思う。王道のシンデレラストーリーを標榜《ひょうぼう》しながらエンパワメント要素も織り込んでいるあたりがすごく今っぽい。

スー うんうん。シンデレラストーリーながら、女の強さをしっかり描いているところが大きなポイント。加えて、さまざまな対比も丁寧に描かれてる。嫁姑、男女、格差、世代、国、人種。それらを丁寧に絡めながら、ちゃんとゲラゲラ笑えるエンターテインメント映画のルックにしつつ、今を生きる女性を勇気づけるメッセージも発しているところが素晴らしかったわ。
そして、負けない女たちの話でもある。特に後半は、あきらめないことや戦うことの意義、価値について畳み掛けるように描いていたし。冒頭に、レイチェルが授業で生徒とポーカーをするシーンがあるじゃない？　ポーカーに勝ったレイチエルは「損失を恐れるあまり、脳がお粗末な決断をするのです。彼（生徒）は勝つより〝負けないゲーム〟をした」って言うんだけど、振り返れば冒頭から作品のテーマを語っているという。「負けないゲーム」じゃダメなのよね。

「これが私だ」と思う瞬間

スー 映画の前半は、とにかく見たこともない大金持ちのアジア人の生活を堪能して、後半はじっくり人生を学ぶという感じ。ニックの母親エレノア（ミッシェル・ヨー）も、敵ながらあっぱれのカッコよさなのよね。冒頭に25年前のエレノアのシーンがあるじゃない？　あのスカッとするエピソードは最高！

高橋 そう、ニックのお母さんもレイチェルと同じような苦汁をなめてきているわけなんだよね。

スー そうなのよね。嫁姑問題やキャリアをあきらめたくだりは切ないわ。エレノアの過去を想像すると、レイチェルを憎らしく思う理由もわからなくはない。クライマックスの麻雀のシーンで「アメリカ人は自分の幸せばかり。我々は長く残るものを築くの」ってエレノアが言うじゃない？　同じようなことを姑に言われてきたんだろうな。エレノアも必死だったのよね。自分は姑に嫌われているから、息

高橋　子まで嫌われないように姑に預けていた時期があるくらいだから。この麻雀シーンはとにかく圧巻。「怖いからでも自分が不足だからでもない。ただ、生まれてはじめて思いました。これが私だ、と」というセリフに象徴されるレイチェルの覚悟と気迫だよね。

スー　雀荘《ジャンそう》だけど、喧騒はないの。映像は静かで平和。だけどレイチェルとエレノアのセリフがキレッキレ！　お互いが言葉の牌《パイ》を投げ込み合うすさまじさよ。ここで、エレノアにとってのニックのように、レイチェルも誰かにとっての大事な娘だってことをちゃんと絵で理解させる人物が出てくるのも素晴らしい。シンデレラストーリーにしては、全編通して極妻感があるけどね（笑）。腹の据わった女たちの戦い。戦いといっても、いわゆる女同士のいがみ合いみたいな嫌な感じではなく、それぞれの仁義がある。

高橋　このシーンのレイチェルにはすべてが詰め込まれてるよね。ラブストーリーとしての自己犠牲の精神や打算のない愛、女の戦いとしての知性、戦術、アイデンティティ。

スー　そうそう。なのに、重くないのよ。ラブコメ映画としてブレない理由は、ニックを狙う独身女性たちのレイチェルへの意地悪があまりに典型的だったり、親友ペク・リンの役回りがそれこそオーソドックスな助っ人役だったりするからだと思う。「シンデレラ」がひな型なんだろうね。

高橋　本当にラブコメディとしては定型的すぎるぐらいなんだよね。これは賛否の分かれるところだろうけど、レイチェルをサポートするゲイのスタイリストとして登場するニックの従兄弟オリヴァーの存在もそう。彼は原作ではロンドンのオークション会社「クリスティーズ」で働く古美術専門家だったのに、わざわざラブコメの様式にのっとった改変をしているわけだからさ。

勇敢でカッコいい女たちの宝庫

スー　オリヴァーとの着せ替えシーンは『プラダを着た悪魔』（２００６年）感があった。そういうところを見つけるのも楽しい。

高橋　これまでつくられてきたラブコメディの集積の上に成り立っているような映画でもあるんだよね。たとえば最後の飛行機内でのプロポーズのシーンはアダム・サンドラーとドリュー・バリモアの『ウェディング・シンガー』（１９９８年）のオマージュと受け取れなくもない。でもラブコメディの「歴史」を感じさせる作品でありつつも、ここのニックの決めゼリフはばっちり現代仕様にアップデートされているのが素晴らしい。

スー　しかしまあ、劇中の男連中がアテにならないこと！　男のアテにならなさをあそこまで丁寧に描くラブコメ映画も新しいよね（笑）。ニックのお父さんなんて、登場すらしないし。家父長制が引き起こす悲劇でもあるのに、男が頼りない。ニックは常に詰めが甘いしさ。

高橋　ニックがそれなりに段取りを踏んでおけばここまでレイチェルも苦労しなかったんじゃないかっていうね（笑）。いろいろと切り口の多い映画だけど、女性のエンパワメントムービーとしても近年最強レベルだと思うな。

スー　この映画は勇敢でカッコいい女性の宝庫だよ。へこたれない、弱音を吐かない、負け続けない女性を見ることで、ラブコメ4つの条件の「明日もがんばろう！」っていう気持ちにもなれる。娯楽映画としても、深読み映画としても楽しめる、最高の映画！　落ち込むことがあったらまた観ようっと。

これぞ究極の格差恋愛。ハードルなんてなぎ倒せ！

story

『ロング・ショット　僕と彼女のありえない恋』（アメリカ・2019年）

アメリカの国務長官シャーロットは大統領選への出馬を決める。そんなある日、パーティーで出会ったジャーナリストのフレッド。実は彼はシャーロットの初恋相手だった。予想外の再会にふたりは盛り上がり、シャーロットはフレッドに大統領選挙のスピーチ原稿作りを依頼する。世界各国を一緒に飛び回り、次第に惹かれあっていくが……。

出演：シャーリーズ・セロン、
　　　セス・ローゲン、
　　　オシェア・ジャクソン・Jr
監督：ジョナサン・レヴィン
脚本：ダン・スターリングほか

スー　これはもう最高中の最高！　現実的に考えたら「ないでしょ」って話なんだけど、「あるかも!?」まで昇華させてくる手腕がすごい。これまでも既存の価値観や偏見を覆そうとした作品はたくさんあったけど、正しさを優先しすぎて物語の進行やキャラクター描写がなおざりになっていたり、はたまた看過できない点が残ったままだったりして、こなれきれてなかった。だけど、この作品はそのあたりをすべてクリアしていると思う。

高橋　意外にも映画全編を通して当時のトランプ政権に対する強いフラストレーションを感じたな。

スー　そうだね。オープニングのシーンから白人至上主義集団（オルト・ライト）が出てくるし、シャーロット（シャーリーズ・セロン）の関心ごとは子どもの頃から環境問題。非常に時事性があるし、政治や社会のシステムに対して示唆的でもある。

高橋 ミソジニー（女性蔑視）もところどころで扱ってたね。ニュース番組の司会者が「女性は大統領に不向き？」なんて問題提起をするシーンでは、DV問題で悪名高いR&Bシンガーのクリス・ブラウンと2017年にセクシャルハラスメントが発覚した映画監督のブレット・ラトナーが名指しで糾弾されてる。

スー 女性の抱えざるを得ない問題の本質を、さらりとした描写ながらガッツリ盛り込んでるんだよね。シャーロットの好感度調査のシーンでは「あなたが男だったら、男っていうだけでもっと支持率が高いはず」ってセリフがあったり、フレッド（セス・ローゲン）の草稿に「女だから怒ればヒステリーになるし、感情的になれば弱いダメな女に見える（から、その辺を考慮してスピーチを練る必要がある）」ってシャーロットが修正を指示する場面があったり。性が絡んだ事象だと、男性よりも女性の方が好奇の目で見られる傾向にある世間についても描かれているし。

高橋 シャーロットの「大きな目標のために妥協は必要。政治の世界では妥協は必要悪」という発言に対してフレッドが「女だから？」と挑発的に疑問を呈したら、彼女が「そうよ！」と不条理な社会への苛立ちを爆発させるように返答していたのも印象的だった。

スー あそこは胸が痛んだわ。そうそう、共和党支持者と民主党支持者の安易な対立に、疑問を呈するような場面もあったね。政治家は印象が大切で、実績はないがしろにされるってことも。ここまでいろいろ詰め込んでるのに、笑って泣けるちょっと下品なラブコメ映画の流れを全く邪魔していないのは奇跡だよ。

対等な目線で向き合ってくれる男に惚れる

スー シャーロットは子どもの頃からがんばり屋。夢を叶えるために邁進しつつ、誰にも嫌われないように気も遣ってる。彼女って美人で聡明だけど、周りの人を見下すようなことは絶対にしない。あれくらいデキる人だったら、ちょっとは世間を小馬鹿にした態度を取りそうなもんなのに。気さくだしユーモアもあって、ほんと理想的。

高橋 そのあたりもトランプ大統領のキャラクターを踏まえた作り手の理想の政治家像が投影されているのかも。フレッドは、そんな彼女の夢を後押しする存在として登場する。彼はボンクラだけど強い信念と正義感がある。行動原理がピュアなだけに厄介なことになってもどこか憎めない。

スー　骨があるよね。勢いで仕事を辞めてしまうのはちょっと後先考えなさすぎだけど、全体的にはチャーミング。打算ばかりの政界にいるシャーロットにとって、すごく魅力的な存在だと思うわ。フレッドってリスクを恐れずに言いたいことを言うじゃない？　だから衝突もする。シャーロットがそこに苛立つ感じも非常に胸に刺さったな。フレッドの実直さは、魅力であり欠点でもあるから。

高橋　フレッドは昔のシャーロットを知ってるから余計にね。彼みたいな人間がいつも近くにいて「昔の君は理想に燃えていたのに！」なんて言われ続けるのは政治家としてはかなりしんどいと思う。そもそもフレッドはあらかじめシャーロットに「政治家の君ではなく環境を守る君を手伝う」と明言してるからね。彼はシャーロットと久しぶりに再会したときも、彼女のルックスやステイタスよりも政策そのものを真っ先に評価しているんだよ。

スー　久しぶりの再会で「君が成し遂げたことは素晴らしい！」と言ったのはフレッドだけ。そりゃ記憶に残るわ。シャーロットみたいに強くて賢い女は、自分を崇《あが》める男でも、降伏させようとする男でもなく、対等な目線で向き合ってくれる男が欲しいんだと思うよ。だからフレッドの言葉にムカつくけど納得もする。

高橋　フレッドは徹底して妥協を許さないからね。でも、そうやって彼が常に傍で鼓舞し続けてきたからこそ、クライマックスのシャーロットのあの素晴らしいスピーチが生まれるわけで。僕らが提唱してきたラブコメの重要ポイントのひとつ「気恥ずかしくなるような真っ直ぐなメッセージにいかに説得力を持たせるか」を地でいくようなシーンだよね。

恋も仕事もあきらめない

スー 物語の進行と一緒に注目してほしいのが、ふたりの衣装の変化。序盤、シャーロットは柔らかな素材のデキる女風スーツで、フレッドは全身ワークマンスタイル。時間が経過するにつれシャーロットはカジュアルになって、フレッドはキレイ目カジュアルに変わっていく。お互いの心がピッタリくっつくと、ふたりのスタイリングが完璧に一致するの。最高！って調子に乗ってゲラゲラ笑っていると「男は強い女とデートしたがらない。勃たなくなるから」っていう真髄パンチラインがぶっ込まれるっていうね……。

高橋 多忙を極めるシャーロットの「5分すら触れ合えない女を誰が望むと思う？」というセリフも刺さるものがあったな。そしてなんといっても『プリティ・ウーマン』（1990年）オマージュの周到さ。作り手が対比を強く意識していることがとてもよくわかる。ロクセットの「It Must Have Been Love」をBGMにしてシャーロットとフレッドがスローダンスを踊るシーンは、ラブコメ転換期の名場面として語り継がれていくことになると思う。

スー　少なくとも、セリフ、音楽、衣装の3点が『プリティ・ウーマン』オマージュ。これはラブコメ映画なのでおとぎ話上等なわけですが、いろいろあったあとでも、夢をあきらめないでもいいってメッセージをガツンと打ち出しているのが素晴らしい。地位も名誉も、すべてをなげうって真実の愛へ！……ではないんだよね。フレッドの最終的な決断は、おいおいめちゃめちゃ揉めると思うけど。彼にも自我があるからね……。続編希望です！

相手ではなく、障がいは自分の心の中にある

story

『おとなの恋の測り方』（フランス・2016年）

弁護士のディアーヌに、建築家のアレクサンドルなる男からレストランに置き忘れた携帯電話を預かったとの連絡が入る。彼の知的でユーモラスな話しぶりにすっかり魅了されたディアーヌは、翌日会うことに。新たな恋の予感に期待を抱いて約束の場に向かったが、現れたアレクサンドルは身長136センチの小柄な男だった。

出演：ヴィルジニー・エフィラ、ジャン・デュジャルダン、セザール・ドンボワ
監督：ローラン・ティラール
脚本：グレゴワール・ビニュロンほか

スー　ラブコメ映画は誰と誰がくっつくか最初からわかっているのがハンデであり、そのふたりをどんな理由で自然にくっつけるのか、その道のりをどう描いていくかが腕の見せ所だけど、この作品はオープニングでそのハードルを上げてるよね。ラブコメ的要素の強い映画であることを匂わせながらも、ふたりがごく自然にくっつくような関係にはならないだろうと思わせる演出。観てる側の偏見をひとつひとつ試してくるような映画だったな。『おとなの恋の測り方』は最先端のダイバーシティとラブコメの融合。口先だけではどうにもならない多様性の容認について実にコミカルに、かつ芯を突くかたちで描かれていて、劇場で観たときいたく感動したんだよね。フランスのエスプリっていうのかわからないけど、アメリ

カのラブコメ映画とは一味違う意地の悪さが入ってるのも好き。

高橋　フランスのラブコメにはぜんぜん明るくないんだけど、この映画に関してはわりとアメリカのラブコメのルックスに近い印象……と思っていたら、監督のローラン・ティラールがインタビューで『プリティ・ウーマン』（1990年）からの影響を認めているね。ただ、概観こそアメリカのラブコメのスタイルを踏襲してるんだけど、題材に対する切り口や踏み込み方はハリウッド映画にはない独特のものがあると思ったな。

スー　実は『コラゾン・デ・レオン』（2013年）っていうアルゼンチン映画のリメイクなんだってね。アメリカだったら「危ないから渡らないでおこう」っていう橋に足を一歩踏み出そうとしてるところはあるよね。根底にあるテーマは、主人公ディアーヌ（ヴィルジニー・エフィラ）のお母さんと再婚した聴覚障がいをもつ夫のセリフの「障がいは君の心のなかにある」ということ。これを一貫して見せていく。このテーマがちゃんと物語に通底していて、品のないギャグやモラル的にどうかと思うような描写も、アンチテーゼとしての演出だとしっかり伝わってくる。価値観を更新しても、ラブもコメディもロマンティックもぜんぶ入るんだね。時代が大きく変化してもなにひとつ失う必要がないってことが証明されたのはすごくうれしかったな。

高橋　訴えたいテーマと到達したいゴールが明確だし、話の進め方もすごく丁寧だよね。それでいながら「これ、このあとどうやって転がっていくんだろ……？」みたいな先の展開を予想させないワクワク感もある。

自分のなかの壁をどう取り払えるか

スー　ディアーヌは40歳なんだけど、若くはない年齢の女性が主人公なのもまた絶妙。まあでも、ディアーヌがアレクサンドル（ジャン・デュジャルダン）を好きになってからがこの映画の本番。アレクサンドルは自分のなにが問題とされがちかをちゃんとわかっていて、それをディアーヌにガンガン問いかけていくわけ。「僕はあなたの考える『完璧』をすべて満たしてるし君も楽しそうだけど、なにが問題？　まさか身長じゃないよね？」って。

高橋　ディアーヌも完全にアレクサンドルに惚れ込んでるんだけど、でもちょっとしたきっかけでふと我に返ったように立ち止まってしまう。ディアーヌが初めてアレクサンドルと夜を共にするとき、寝室の鏡に映った彼との立ち姿の違和感に急に戸惑い出すシーンとか妙な気まずさがあったな。「さあ、どうするよ？」っていう。

スー　決して勘違いしないでほしいのは、これはあくまで「障がいのある恋」であって

「好きになった相手に障がいがある」という話ではないんだよ。じゃあ障がいはどこにあるのかっていうと、さっきも引用した通り「障がいは君の心の中にある」。そういうことなんだよね。ディアーヌが母親にアレクサンドルを紹介しようとレストランで会食したとき、私たち見る側は母親の再婚相手に聴覚障がいがあることは一切事前情報として入ってない。だから彼に障がいがあるとわかったときは「こういうことならお母さんはアレクサンドルに対してもきっと寛容な態度をとるだろう」と期待するんだけど、実際はまったくそうではないっていう。もう二重三重に私たちを試してくる。

高橋 あのレストランのシーンはスリリングだったな。まちがいなくこの映画のハイライトのひとつだね。

スー ディアーヌはレストランでアレクサンドルのことを笑ってる人たちがいたら、彼らの席にまで出向いて文句を言うところまではきてる。でも自分のなかの壁を取り払えるかっていったら、それはまた別の話っていう。ドキドキするよね、自分ならどうするだろうと考えると。彼女は「私のなかに植え付けられた理想の恋人像が消えない」ってアレクサンドルに言うんだけど、彼はそれを受けて「植え付けたのは君自身だ」って返すの。これって実はすごく重要なセリフで、植え付けられたイメージは自分自身で払拭することができるはずだってことを暗に示してると思う。こういうメッセージをラブコメ映画で放り込んできたのはすごいと思うよ。

なんだかんだ世間体を気にしてしまう

スー　ディアーヌが「あなたの愛をものすごく感じるし会えなくなると寂しくなると思うけど、だけど……」って結局自分をいちばん幸せにしてくれる人より顔の見えない世間体を選択したときは、「あるある！　うちらもやりがち！」と思ってゲボーッてなったよ。そういうのって恋人だけじゃなくて友だちに対してもあるでしょ？　このコといるとすごく楽しいんだけど、みんなからバカにされてるコだから周りの目を気にしてちょっと距離を置いちゃうとかね、学生時代の話だけど。子どものころからやってるんだよね。
あと、アレクサンドルに対するディアーヌの秘書の対応。彼女はすごくオープンマインドに見えるんだけど、背の低いアレクサンドルに対して小さい子どもに接するような話し方をするんだよ。それこそ「ジュースこぼしちゃダメですからねー」みたいな。自分たちが持っているものを持っていない人を未熟とみなす、という私たちがやりがちな偏見を特に説明もなく描くあたりは底意地悪いなって思ったよ。

高橋 その秘書に対してもそうだけど、アレクサンドルは自分に降りかかってくる偏見をすべてユーモアで切り返すんだよね。激怒してもおかしくない場面、もういろいろと土壇場な場面でも、彼は絶対にユーモアを忘れない。そういういちいちの対応から彼が歩んできた人生が透けて見えてくるんだよな。「同じ背丈の人と付き合ったことある？」って聞かれて「5歳のときにね」って返したりさ。「この人はずっとこうやって生きてきたのか……」と思うと、もうその都度胸が締め付けられそうになったよ。

スー わかる。そうやってユーモアにしながら、アレクサンドルは偏見と戦ってきたんだってことがつぶさにわかるんだよね。でも「僕がこういう態度で接したら、あなたは気分が悪くならずに僕のことを受け入れられますよね？」っていう道化は絶対やらない。自虐や道化とユーモアはまた別物ってことだね。

4章

傷つきたくない！
心が鉄壁になった女に捧ぐ……

『セレステ∞ジェシー』

舐めて高を括って下に見て、失ってから絶望する

story

『セレステ∞ジェシー』（アメリカ・2012年）

セレステとジェシーは理想的な夫婦。だが、会社を経営し、充実した日々を送るセレステに対し、夫ジェシーは売れないアーティスト。そんなある日、セレステの提案で離婚のための別居をすることに。理由は「最高に気の合うジェシーとは永遠に親友でいたい」から。しかし、ある出来事をきっかけに、セレステはジェシーの大切さに気づき……。

出演：ラシダ・ジョーンズ、アンディ・サムバーグ、イライジャ・ウッド
監督：リー・トランド・クリーガー
脚本：ラシダ・ジョーンズほか

スー　調子に乗って恋愛に失敗したことがある女にとって、これはホラーよ。過去の亡霊が襲ってくるような感じ。セレステ（ラシダ・ジョーンズ）もジェシー（アンディ・サムバーグ）も、頭を抱えたくなるようなボタンの掛け違いばかりだもの。セレステは女、ジェシーは男。でもヨシくんが共感するのは……。

高橋　セレステだね。自分の迂闊な言動一発でレッドカードを食らったトラウマがある人なら男女問わず彼女に感情移入してしまうんじゃないかな。あとはオープニングのタイトルバックで流れるリリー・アレンの「Littlest Things」があまりにキラーすぎて強制的にセレステ側に立たされてしまうというのもある。この曲は「ときどき街でカップルがキスをしているのを見ると自分が過去の思い出に浸ってる

のに気付かされる」という一節で始まるんだけど、要は失恋の痛手から抜け出せないでいる女性の苦しみを歌った曲。付き合っていたころの些細だけど愛おしい思い出（Littlest Things）一つひとつが、別れた途端に凶器となって襲いかかってくるさまがこれでもかってぐらいに生々しく描かれてる。

スー　あれはレバーにくるよね。

高橋　そんな歌詞が世の不幸をすべて背負ったようなメロディに乗せてセレステとジェシーの思い出の映像にオーバーラップしてくるという凶悪ぶり。「ふたりが出会ったころのことを夢見てる。かっこ悪いけど本当のことなの。この週末だけ、演技でもいいから昔みたいな関係に戻れない？　ねぇ教えて、私たちこれで終わりなの？」って……もうただただ悲痛！

「自分は正しい」という傲慢さは相手に伝わってしまう

スー　この作品ではセレステのほうが社会的に成功しているわけだけど、パートナーの女性のほうが社会的地位が高いことについてはどう？　ヨシくんは基本的にフェミニストだと思うんだけど、受け入れるのは現実問題としてはなかなか難しいこと？

高橋　付き合った相手とそういう関係性になったことはないけど、もしそうなったときにそれをそのまますんなり受け入れられるかどうかは正直自信がない。それは自分がフリーランスであることのコンプレックスも微妙にからんでるのかもしれないけど、こうして問われてみると自分もなんだかんだ家父長制マインドみたいなものに毒されてるように思えて落ち込んでくる（苦笑）。それはともかく、自分にとってこの映画はやっぱりセレステなんだよな。どこにフォーカスするかは自分のこれまでの恋愛体験が反映されるんだろうけど、彼女のように恋愛で慢心してしまうことは割と誰でも思い当たるんじゃないかな？

スー　自分がしてきた失敗をセレステの中に見る、っていうことね。私もセレステの「私のほうが正しいから、別れてもつらくなるのは相手に違いない」という傲慢さは、若い頃の自分と重なるところはあるな。男女問わず、身に覚えがある人は少なくなさそう。

高橋　「自分が正しいのだから絶対にフラれるわけがない」っていうね。そういう傲慢さはたとえ直接言葉にしなくても相手に伝わるからな。当然ジェシーもセレステのそういう態度には気づいていたと。

スー　うん。「付き合ってあげてる」という気持ちがセレステの中にあることを、ジェシーは気づいていたかもね。でも、ジェシーはセレステが正しいか否かではなく、

高橋 ただただただセレステのことが好きだったんだろうな。とは言え、アラサーになっても銀行口座を持っていないジェシーにセレステが不安を感じるのはわかる。さすがにちゃんとしてほしいって。だがしかし、「最高に気の合うジェシーとは永遠に親友でいたい」から別れるってのは、やっぱり都合が良すぎるんだよなぁ。無理がある。

スー ただジェシーももうちょっとアクティブなところを見せてほしいよね。セレステにしてみれば実際に稼げているかどうかはさほど重要ではないような気がする。そうそう。自分に向き合えないまま「仕事を探している風」だけなのは厳しい。イケアの家具が組み立てられなくてふたりで一緒に奮闘したり、ひどいジョークを言って盛り上がったりするのは楽しいけど、そういう楽しい時間は揮発性《きはっせい》が高すぎて、将来を考えるのは難しいよね。私たち、いつまでこんなことやってるの？って。

高橋 リップクリームを使った卑猥なジョークとかね。楽しそうではあるんだけど、セレステはもう辟易している節もある。

スー うん。ふたりの関係が変化していかないというか、積み重なっていかないと感じるセレステの不安はまっとうではあるんだよね。

高橋 陳腐な言い回しになるけど、お互いリスペクトできる要素がないと当然バランスは崩れていくよね。

どの人にも「いままででいちばん」がある

スー　結局さ、付き合った相手ってどの人にも「いままででいちばん」があると思うのよ。いちばんやさしい、いちばん頼りになる、いちばん楽しい、とか。だから、どの「いちばん」の相手を伴侶に選ぶかは、タイミング次第なのかもしれない。

高橋　ジェシーとセレステは、それがギャグのセンスが合うっていうことだった、と。それがまた相手を失った直後だと二度と手に入らない尊いものに思えてくるんだよね。どうしようもないギャグですら愛おしくて、その未練を断ち切るのはめちゃくちゃ難しい。だからセレステがヨガで知り合ったポールとカラオケデートに行くシーンはもう観ていてつらくてつらくて。まだとてもじゃないけど次の恋愛に向き合える状態じゃないんだよ。

スー　まだまだジェシーとの記憶が生々しいし、嫌いになって別れたわけでもないから、他の男とのデートが「結局はジェシーがいちばん」ってのを確かめるリトマス試験紙にしかなってないのよね。

高橋　うん。ちゃんと傷が癒えてから行動に移さないと相手にも失礼なんだよね。

スー　私の記憶に残ったのは、セレステがジェシーのアトリエに入って行くと、作品も作らずに北京オリンピックの重量上げを観て泣いているジェシーの姿があって、セレステが「またかぁ」ってげんなりする、っていうシーン。「またかぁ」が続くと、別れは近づくよね。で、別れた後に、部屋でその北京オリンピックを観ながら、彼を思い出して泣いているところが切なかったな。自分は本当に正しいことをしたのか？と不安なんだと思う。

高橋　まさにリリー・アレンの「Littlest Things」の歌詞の通りだよね。「些細な思い出が私を苦しめる」という。

スー　付き合ってた頃にはネガティブに捉えてたことすら、別れたら甘い記憶になって襲ってくるもんだよね。これだけコメディ要素が多いのにこれだけどんよりする映画もなかなかないよ（笑）。

高橋　フフフフ、そうだね。でも昔の恋を引きずっている人にはぜひおすすめしたいな。なかなかの荒療治になるかもしれないけど、どん底のボロ雑巾状態から蘇生するヒントがもらえると思う。

恋にシラけた自虐女の人生も、たった一夜で変わるかも

story

『マン・アップ！ 60億分の1のサイテーな恋のはじまり』（イギリス／フランス・2015年）

彼氏いない歴4年、すっかり恋愛に臆病になった34歳のナンシーは、ある日ひょんなことから40代のバツイチ男ジャックにブラインドデートの相手と間違われる。人違いと言い出せないまま、これも出会いのチャンスと24歳の女子と偽ってジャックと一緒に過ごすナンシーだったが、意気投合したのも束の間、やがてウソが発覚して……。

出演：サイモン・ペッグ、レイク・ベル、ロリー・キニア
監督：ベン・パーマー
脚本：テス・モリス

スー いろいろあって恋にシラけた20代後半〜30代後半の女は何がなんでも観てくれ！って作品。自分では客観的な視点を持つ大人のつもりだけど、端から見たら保身が過ぎるただの冷笑主義者なんだよね、ヒロインのナンシー（レイク・ベル）は。とにかく傷付きたくない。「おとぎ話なんてないわよ」って冷笑することで、いろいろなチャンスを失ってしまう女性のリアリティが貫かれてます。身に覚えのある人が結構いるだろうな。

高橋 ナンシーが鏡に向き合って自問自答するオープニングからしてリアルなところをつついてきそうな雰囲気はめちゃくちゃあったもんね。

スー 人生のデッドエンドにいるような、あの顔！ ここで髪がボサボサなら普通の演

出。ナンシーはちょっと脂っぽいのよ、髪が！　過不足の無い34歳の女のリアリティにヒィィィと声が出たわ。そんな「夢も希望もないネガティブ女」のナンシーと、「夢と希望に満ち溢れたポジティブ女」のジェシカ（オフィリア・ラヴィボンド）が同じ電車で向かい合わせに座ったことで物語が始まるわけだ。ジェシカの愛読書がキーアイテムになるとはねえ。

高橋　それがまたナンシーが最も忌み嫌いそうな自己啓発本というのが示唆に富んでるよね。ジェシカはその本の「マイナス思考で人生台無し」という項にしおりを挟んでナンシーに託すことになる。

スー　ナンシーはとても魅力的なんだけど、恋愛どころか人付き合いそのものが苦手なんだろうなーって振る舞いが随所に出てくる。自分の髪の毛で歯のフロスをする、トイレの芳香スプレーで脇の下の消臭をする、冷たいグラスを触って手が濡れているのを「これオシッコじゃないわよ」と初対面の人に言うなどなど。そんな女が……！　終盤に差し掛かる頃には、アッと驚くほど可愛く見えてくる。要は素直になっていくんですな。ヨシくんが「最初はピンとこなかったヒロインが物語が終わる頃には大好きな可愛い女の子に見えてくる」のが良いラブコメの条件ってよく言ってるけど、それを目の当たりにしたわ。

高橋　普通に「あれ？　ナンシーってこんなに素敵だったっけ？」って思うよね。そういった意味では、妙なリアリティがありながらも実は割と王道的なラブコメの魅力を持った映画といえるかもしれない。さっき触れたオープニング含め、ナンシーが鏡と向き合って自分と対峙するシーンが多いことが生々しさに拍車をかけているところもあるんだろうな。彼女が鏡をのぞくたび、なんだか自分自身の生き方も省みてしまうというか（笑）。

ブラインドデートしても恋愛恐怖症

高橋　ナンシーは自己分析ばかりしてしまうって自嘲気味に話していたけど、主人公が不器用で冷笑主義的なキャラクターなぶん、普段ラブコメアレルギーの強い人でも抵抗なくストーリーに入り込めるんじゃないかな。それでも序盤のナンシーのいちいちの言動はひどすぎるけどね。スーさんも指摘していたけど、自分の髪の毛で歯のフロスをするとかボンクラにもほどがある（苦笑）。

スー　本人は無自覚なんだろうけど、あれワザとよね。そんなシーンばかりなのに、ラブコメの4つの条件もしっかり押さえているからあっぱれだわ。たとえば、ナンシーとジャック（サイモン・ペッグ）の会話。とある映画のセリフを引用したことで、共通の趣味を発見する場面。その手法でグッと距離が縮まるのは非常にラブコメ映画的。むしろ手垢付きまくりなやり方。ボウリングデートのシーンも笑顔とじゃれ合いにあふれてて、ラブコメ映画によくある「とにかくひたすら幸せなだけの時間」もちゃんと担保されている。でも、ナンシーが死ぬほど恋に臆病になっちゃってるからさ、「もしかして、このままふたりは……」って希望の灯が、いいところでシュッと消されるのよね。そこは異常にリアルだった。

高橋 あと、これって基本的には『アメリカン・グラフィティ』（1974年）みたいなある一晩のお話なんだよね。人生なんてたった一夜で変わるかもしれないんだっていう、リアルなタッチの中にたらしたひと匙のロマンスがこの映画をものすごくチャーミングにしていると思う。

スー ナンシーとジャックがひたすら愛おしいんだよね。ブラインドデートしてるくせに、ふたりとも「新しい恋愛恐怖症」だから。過去の傷が深すぎて、ふたりとも人生に疲れちゃってる。ベストを尽くしても、うまくいかないことってあるじゃない？　あのふたりもそうなんだろうな。だから冷笑主義的になってるわけで。アラサー以上なら、ナンシーにもジャックにも共感する人は多いと思う。最初はナンシーの不器用さばかりがクローズアップされるけど、ジャックも然りなんだよね。ナンシーに調子よく喋り続ける場面があるけど、あの過剰な喋りは防衛本能。ジャックには抜けないトゲがあったんだ、とあとからわかる仕組み。それがバレた時のジャックといったら！　一瞬で立場が逆転してコミカル。とにかくふたりとも大人なのに子どもなんだよね。こんなに人間臭いラブコメ映画もなかなかないかも。

相手ではなく「気持ち」に未練がある

高橋　イギリスが舞台の映画独特のグレーなトーンと映画自体のペシミスティック（悲観的）なムードも相まって、申し訳ないけど華がある映画とは言い難い。でもだからこそ、純ラブコメ的な演出が映えるし嫌味にならないんだろうね。このあたりのバランスは本当に絶妙。

スー　ホント、奇跡のバランス。恋愛でひどく傷付いたことがある人なら誰でも「あうー」って声が出る場面があるはず。私は後半の「君は結局、高みの見物で批判ばかり」「批判じゃなくて持論なのよ！」「でも、自分で勝負しないじゃないか」ってふたりのやりとりに「ああ、耳が痛い……」ってなりました。

高橋　耳が痛いといえば、元妻に未練たらたらなジャックにナンシーが突きつけるセリフが強烈だったな。あれ、やばくない？

スー　私にもすごく響いた！「あなたは〝あの人〟に未練があるんじゃなくて〝フィ

ーリング〟に対しての未練があるんだ」ってやつね。愛情って訳されていたけど、愛情というか「気持ち」かな。相手そのものへの未練ではなく、「愛し合っていたふたりが共有していた気持ち」に対する未練。幸せだった空間とかさ。「わかる!」って全力で頷いたわ。

高橋　このナンシーのセリフ、タイムマシンに乗り込んで25歳のころの自分に届けたい(笑)。そうなんだよね、相手じゃなくて「気持ち」に対する未練なんだよ。好きだった人の未練を断ち切れなくて苦しんでる人は、この視点を与えられるだけでちょっとは楽になれるんじゃないかな?

ラブコメの女王《クイーン》、ドリュー・バリモア

高橋芳朗

誰かひとりラブコメディのクイーンを選ぶとしたら――『恋人たちの予感』（１９８９年・100ページ）『ユー・ガット・メール』（１９９８年・194ページ）のメグ・ライアン？ 『プリティ・ウーマン』（１９９０年・107ページ）『ノッティングヒルの恋人』（１９９９年・113ページ）のジュリア・ロバーツ？ 『メリーに首ったけ』（１９９８年）『ホリデイ』（２００６年・40ページ）のキャメロン・ディアス？ 有力候補は何人か思い浮かびますが、やはり個人的にはドリュー・バリモアこそが「女王」にふさわしいと考えています。

その根拠はいたってシンプルです。単純にドリューはラブコメ映画の出演数が多く、かつクオリティも安定しているからです。彼女は23歳の誕生日直前に公開されて全米興行成績1位に輝いた『ウェディング・シンガー』（１９９８年）を皮切りに、『１００万回のウィンク』（１９９８年）、『25年目のキス』（１９９９年）、『おまけつき新婚生活』（２００３年）、『50回目のファースト・キス』（２００４年）、『2番目のキス』（２００５年）、『ラブソングができるまで』（２００７年）、『そんな彼なら捨てちゃえば？』（２００９年）など、コンスタントにラブコメ映画に出演。『25年目のキス』以降は映画プロダクション「フラワー・フィルムズ」を立ち上げて自ら製作に携わっているあたり、このジャンルに寄せる並々ならぬ情熱も感じます（念のため、2000〜2002年にラブコメ出演作がないのは『チャーリーズ・エンジェル』シリーズに専念していたからでしょう）。

ただ、そんなドリューも2009年に『ELLE』のインタビューでラブコメから退く意向をほのめかしたことがあります。「30代のうちに自分がやったことのない仕事に挑戦してみたい。監督業だったり、シリアスな映画だったり。これまでの10年は楽しいラブストーリーに出演することが多かったけど、もうそれはマスターしたと思うから」

このドリューの発言の背景には同年に主演したテレビ映画『グレイ・ガーデンズ 追憶の館』が批評家筋から高く評価されたこと（エミー賞とゴールデングローブ賞で作品賞を受賞。後者ではドリュー自身も主演女優賞を受賞）、そしてエレン・ペイジ主演の『ローラーガールズ・ダイアリー』（2009年）で長編映画監督デビューを果たしたことが影響していると思われますが、やはりというかなんというか、彼女の「ラブコメ引退」は杞憂にすぎませんでした。

ドリューは、その後も『遠距離恋愛 彼女の決断』（2010年）、『子連れじゃダメかしら？』（2014年）、『マイ・ベスト・フレンド』（2015年）、『ザ・スタンド・イン』（2020年・

日本語版なし）といったラブコメ作品に出演。さすがに質も量も往時には及びませんが、『アニー・ホール』（1977年）でアカデミー賞主演女優賞を受賞したダイアン・キートンが40年を経た現在もなおラブコメに対して意欲的なように、ドリューにもまた年齢に応じたラブコメヒロインを演じ続けてほしいものです。多少のプロットの穴であれば余裕で埋め合わせてしまう彼女のあのチャーミングな笑顔は、きっと永遠に色あせることがないでしょうから。もちろん、ラブコメ新時代を象徴する秀作『ワタシが私を見つけるまで』（2016年・232ページ）を世に送り出したプロデューサーとしての手腕にも引き続き期待は高まります。

最後にもうひとつ付け加えると、僕がラブコメの女王としてのドリューに寄せる圧倒的な信頼は彼女の根っからの「胸キュン体質」に基づくものでもあります。そのあたりはかのカルト作『ドニー・ダーコ』（2001年）も含めて製作に関与した映画の大半が青春映画かラブコメディであること、そして出演作に高頻度で流れるスパンダー・バレエ「True」（1983年）に対する執着ぶりからもうかがえますが、そんなドリューの美意識が最もエモーショナルに表れているのが自身が監督を務めるベスト・コーストのミュージックビデオ「Our Deal」（2011年）。主演はクロエ・グレース・モレッツ、必見です。

5章

やっぱり観ておきたい！永年愛され続ける王道作品

『プリティ・ウーマン』

普遍的なテーマ「男女の間に友情は成立するのか」について

story

『恋人たちの予感』（アメリカ・1989年）

大学を卒業したばかりのハリーとサリー。初対面だが経費節約のため、同じ車でニューヨークへ。道中、事あるごとにふたりは意見を衝突させ、初めての出会いは最悪のものとなった。それから5年後、ばったり空港で再会。またもや口論になるが、関係に少し変化が。そしてさらに5年後、何でも話せる異性の友人関係に発展するが……。

出演：ビリー・クリスタル、
メグ・ライアン、
キャリー・フィッシャー、
監督：ロブ・ライナー
脚本：ノーラ・エフロン

スー　公開当時と価値観は変われど、男女の物語としては普遍性のあるものだと思った。未見の人はお早めに是非！という作品。

高橋　現在に至るラブコメ映画のフォーマットはほぼここでできあがっていると言ってもいいのでは。ある意味、ラブコメ映画のイメージは『恋人たちの予感』の登場以降さほど変わっていないようにも思えてくる（笑）。

スー　特に最悪の第一印象から、掛け替えのない人に至るまでの流れは、これが教科書と言ってもいいかも。ラブコメ映画におけるマンハッタンの使い方も完璧だしね。これこそ概念としてのニューヨーク。秋のマンハッタンはもはや映像の暴力だわ。あれで大体の感情を薙《な》ぎ倒せる。

高橋　これがラブコメディに新しい感覚を持ち込む作品になることは、おそらく作り手側も自覚的だったはず。というのも、セクシャルなトピックに踏み込むことも辞さない男女の明け透けな恋愛話が飛び交う革新的な内容なのに、ウディ・アレン調のオープニングクレジット然り、ジャズスタンダードで固めたハリー・コニックJr.のサウンドトラック然り、「側《がわ》」は割とオーソドックスな作りなんだよね。

スー　これは明らかに確信犯かと。「（異性愛者の）男と女は真の友人になれるのか？」という漠然とした主語のデカい話を序盤に振っておいて、時間の経過とともにその問いが自分たちの間に深刻に横たわってくる流れをつぶさに見せてくる。随所随所に老夫婦のインタビュー場面を入れてくるのも示唆的。どんな夫婦の間にも、友情に似た感情が通底していることが徐々にわかってきて心が温まるよね。

高橋　老夫婦のインタビューを挟み込んだ意図は原題の『When Harry Met Sally』（ハリーとサリーの場合）を踏まえて鑑賞すると呑み込みやすいかもしれない。

スー　まさにそう。ハリー（ビリー・クリスタル）は冷笑的で辛辣なフリをしてるけれど、実はただの子どもっぽい中年。サリー（メグ・ライアン）に興味津々なくせに、小馬鹿にしてたのもそのせい。そんなハリーが最初にサリーに心をちゃんと開いた、というか開かざるを得ない状況になったのが自身の離婚。あそこでふたりの関係がイーブンになったよね。それまでは、サリーの寛大な心がなければ続かない間柄だもの。

高橋 ハリーはもう出会ったときからサリーに興味津々なんだよね。彼は書店での二度目の再会以降、より強くサリーに惹かれていくんだけど、その後のメトロポリタン美術館での彼女とのやり取りなんてもはや好意があふれ出ちゃってる（笑）。

スー そこに自分では気づけないのが、〝ラブコメあるある〟でも〝現実あるある〟でもある。お互いが恋人や妻と別れて、慰め合うようにして始まった友人関係なんだから、いつかあそこに流れ着くのは自明の理だとは思うんだけど。そして、イーブンな関係が再び崩れてサリーが上位になったのが、伝説のフェイクオーガズム場面。いま観ても最高！

「結婚に興味ない」と言っていた元恋人が結婚したときのモヤモヤ

スー 気持ちの良い伏線回収は『ラブ・アクチュアリー』（2003年）にも通じるものがあり、やはり人の心を動かす普遍的な手法なんだなって改めて思いました。

高橋 すごく丁寧な作りだよね。例のフェイクオーガズムのシーンは最初のシカゴからニューヨークに向かうドライブの途中に立ち寄ったダイナーのシーンと対になっているし、「蛍の光」の歌詞や映画『カサブランカ』のエンディングをめぐる解釈の回収は惚れ惚れするほど。あと、それまで食事は決まってダイナーだったふたりがセックスした直後には小洒落たレストランを予約していたりとかね。案の定まったく会話が弾まなくなるんだけど、互いの心の距離の見せ方が絶妙で。

スー　苦し紛れのハリーが言った「喋らなくてもいい相手って良いね」ってセリフには笑ったわ。この歳になってわかったけど、ハリーはほんとにボンクラでヘタレなのよね。最初の18時間のニューヨークまでのドライブからひどいもん。

高橋　特に大学卒業直後のハリーは冷笑主義にもほどがある。わざわざ「小説は読み終える前に死ぬと困るから結末から先に読む」なんて皮肉屋ぶりをアピールしてみせたり、あんな奴とシカゴからニューヨークまでドライブするなんて地獄でしかない（苦笑）。

スー　相手がサリーじゃなきゃ大ゲンカよね。そんな、普段はイージーゴーイングなサリーが元カレのジョーの結婚報告には取り乱す感じも、サリーの32歳という年齢設定を考えると非常によくわかる。

高橋　「40歳が袋小路のように私を待ち構えている！」ってね。でも確かに、結婚に興味なさげだった恋人が別れた直後あっさり婚約するパターンは結構食らう（苦笑）。

スー　あれなー。ダメージは大きい。特に32歳だとね。40歳過ぎると「なるほどー」で終わるんだけどね。

会話が無限に続く相手こそ、最高のパートナー

高橋　それにしても、名場面や名台詞の連続でお気に入りのシーンをピックアップしていくにもどこから手をつければいいのやら。パッと思いつくものでは、成り行きでセックスしたハリーとサリーから同じタイミングで電話で相談を受けた友人夫婦のジェス（ブルーノ・カーヴィ）とマリー（キャリー・フィッシャー）の電話を切ったあとのやり取り、「二度と独身はごめんだわ」「僕らはもう心配ない」とかね。これはめちゃくちゃ思い当たる節がある（笑）。

スー　フフフフ。「私はあなたの慰め係じゃない」っていうサリーのセリフが私は好きだな。あの真意がどれほど男性に伝わるかなと。セックスの後に気まずくなって出て行かれるのって、一生根にもつくらいの傷が残りますという話。そのあとハリーはサリーにガンガン電話してるけど、なんで電話し続けているのか自分でわかってないし。友情を取り戻したいんじゃなくて、サリーのことが好きなのよ。「君に魅了されている。だけど、そのことが受け止めきれずに家をそそくさと出て行ってしまった、ごめん」と言えれば2秒でエンディングの話だよ。

高橋　うん。その後の友人の結婚パーティーでのハリーの振る舞いも最悪だった。

スー　ほんとに。ハリーは「なかったことに」しようとしてるのよね。サリーはそれに傷ついている。それがわかってない。ひとりで大晦日を過ごしてようやく気づく始末だもの。「一日の最後におしゃべりをしたいと思うのは君だ」って。あなた、ずっとそうだったじゃないの……。

高橋　フフフフフ。さんざん語り尽くされてきたラストシーンはそれでもやっぱりパーフェクトだよ。まちがいなく、ラブコメ史上ベストエンディング。何度観てもサリーが顔をくちゃくちゃにしながら言う「I hate you」で感極まっちゃって……。

スー　ねえ、「ハリーの気持ちもわかるよ」みたいなのはないの（笑）？

高橋　ハリーは「一日の最後におしゃべりをしたいと思うのは君だ」の一言が出るまでに11年かかっているからな（笑）。街で偶然元妻と出くわしたときも狼狽しすぎだし、どうしたってサリーの忍耐強さが際立ってしまうんだよね。

スー　サリーは少しお人好しすぎるところがあるよ。ハリーを受け止めすぎ。でも、ひとつだけハリーの行動に心動かされた場面があって。サリーが「（元カレの）ジョーが結婚することになった」とハリーに電話したとき、すぐに事態を呑み込んでサリーの家に飛んで行ったじゃない？　結果的にはああなったけど、あの理解の速さは女友だちっぽくて、ふたりは本当に親友なんだなって思った。ハリーはボンクラでビビリで鈍感だけど、会話好きなのと、サリーを誘い出すことに関してはまるで躊躇がないところが功を奏したとしか言いようがない。

高橋　考えてみれば、映画全編を通してサリーと会話がずっと続く男は唯一ハリーだけだった。ダブルデートのときのジェスだったり大晦日のパーティーで話し掛けてきた男だったり、他とはぜんぜん話が続かない。

スー　うんうん。なんでもない会話が無限に続く相手がとても大事というのは学びですな。そして最後を飾るのが、ラブコメ映画史上に残る名台詞。これがあるから、観ても後悔させませんと言えるくらいだわ。

好意の有無よりも「私に敬意を払っているか」で考える

story

『プリティ・ウーマン』（アメリカ・1990年）

ウォール街の実業家エドワードは、ハリウッドで偶然コールガールのヴィヴィアンと知り合い、一晩彼女を買うことに。ヴィヴィアンに興味を持ったエドワードは、彼女と一週間3000ドルでアシスタント契約を結んだ。エドワードにとってはただの気まぐれ、ヴィヴィアンにとっては最高のお客だったが、やがてふたりは惹かれ合い……。

出演：リチャード・ギア、ジュリア・ロバーツ、ラルフ・ベラミー
監督：ゲイリー・マーシャル
脚本：J・F・ロートン

スー　公開当時は「現代のシンデレラ物語」的なロマンティック・ムービーとして観た記憶はあったものの、なぜ自分がそう思ったのかを思い返すと……いま観たら同じ気持ちにはならないだろうなって予感はあった。30年ぶりに女友だちと一緒に観て、ふたりでシュンとしちゃった。王子様の物語だと思ってたけど、全然違うじゃんって。大人になると見えてくるものが変わるのね。ジュリア・ロバーツの出世作だけあって、彼女の魅力で話がもっているってことに、改めて気づいたよ。そして、女のことがすべて男の都合でしか描かれてなくて愕然ともした。

高橋　それはふたりの出会いの瞬間からそう。不慣れなマニュアル車の運転で途方に暮れてるエドワード（リチャード・ギア）の前にヴィヴィアン（ジュリア・ロバー

ツ）が現れたと思ったら、いきなり華麗なドライビングテクニックで彼を宿泊先のホテルまでガイドするくだりとか、いくらなんでも好都合すぎる（苦笑）。冒頭で割と生々しいストリート描写があるからなおさらその対比が、ね。

スー 多くの人に愛されるロマンティック・ムービーであることは否定しないし、ジュリア・ロバーツもびっくりするほど素敵。記憶に残る名シーンもたくさんある。だけど、いま観ると、手放しで礼賛はできないのが正直なところ。ヴィヴィアンとエドワードの描き方、ラブコメ映画ならではとか、フィクションだからとか、では済まされない偏見のオンパレードが気になってしまったな。ポジティブなメッセージも受け取れなかったわ。

素晴らしい経験をさせてくれているように見えて……

高橋 1990年の全米興行収入成績で1位を記録してるだけのことは当然あるし、ロマンティック・コメディとして屈し難い魅力があるのも完全に同意。たとえば、ヴィヴィアンがホテルのバスルームでこそこそやってるのを、エドワードがドラッグと勘違いして彼女に詰め寄るシーンは当時からすごく印象深かった。実はヴィヴィアンが手に隠し持っていたのはデンタルフロスだったという、劇中でも取

スー　り分けラブコメ度の強い場面だね。
　あのシーンは公開当時から記憶に残ってた。ふたりの距離が縮まる場面ではある。けどさ、同時に「娼婦はドラッグ依存症」というエドワードの偏見を炙り出すシーンとも言えるのよね。全編通して、エドワードがヴィヴィアンを同じ人間として同格には扱っていない場面がかなり目に付いたね。

高橋　確かに公開当時と比べてエドワードの見え方はかなり変わった。正直、男ながらにキモいと思った場面がいくつかある（笑）。たとえば、ふたりがホテルで過ごす最初の夜。床に寝そべってゲラゲラ笑いながらテレビを観てる無邪気なヴィヴィアンを、エドワードが満足そうな笑みを浮かべてじっと見つめてるシーン。エドワードの表情からいまいち彼の感情が読み取れないんだけど、あのペットを愛でるような眼差しがちょっと気色悪かった。

スー　一緒に観てた友だちがポロッと「これって、若い女の子を自分色に染めて喜んでるオッサンの夢物語じゃん……」と言ってたけど、まさにそう。女の子が憧れる話と見せかけて、実は不遜な中年男の物語。エドワードのことを昔は素敵な紳士だと思っていたけど、いま観ると「こんなにつまんない男尊女卑男だったっけ!?」って唖然としちゃった。

高橋　エドワードがヴィヴィアンへの思いを確認するひとつのきっかけが、ホテルの支配人が高級ジュエリーとヴィヴィアンを重ね合わせた「美しい宝は手放すのがつらいものです」というセリフだったりするのがまたなんとも。実際、リチャード・ギアは最初に台本を読んだ時にエドワードを「つまらない男の典型」と思ったんだって。曰く「本当に馬鹿馬鹿しい台本。僕が演じる役は、言わばスーツのようなものだ。誰でも構わないから、ただスーツを着せておけばいいような役だよ」と。

スー　それは重要な意見！　エドワードは、ヴィヴィアンだけじゃなく女そのものを仕事のアクセサリーくらいにしか思ってないんだよね。なのに、エドワードがまったく悪人として描かれていないのがまた……。ヴィヴィアンがエドワードの本質を責めるシーンは、あくまでエドワードをよりいい人に見せるためにしかなっていないし。「儲けのためなら手段を選ばない仕事一辺倒の男が真実の愛を知った」みたいな流れになってるけど、その変換装置にリアリティのない売春婦を使うなって思うわ。

時代が変わると男を見る目も変わってくる

スー　中年男が年端もいかない女の子を、お金を使って自分好みに都合よく仕立て上げる物語はもう2020年代には絶対に無理よね。契約期間が終わって、お互いに好意を持っているとわかってる状態で、ハッピーエンディングを望むヴィヴィアンに「それは無理」とエドワードが即答するのも背筋が凍ったわ。「身の程をわきまえろ」ってことじゃん。正式な彼女として表に出す気はない。友だちが「自分の人生には絶対にコミットさせない男」と言っていて、至言《しげん》だなと思った。

高橋 エドワードの対応に失望したヴィヴィアンが「夢に出てくる騎士はこんなこと言わない」と言っていたけど、普通だったらもうあそこで修復不可能なレベルだよね。ヴィヴィアンが暗に指摘していたけど、エドワードは金はめっちゃ稼ぐ一方、それでなにかを生み出すわけではない。「愛してる」って打ち明けたヴィヴィアンに対して「これが僕の精一杯の気持ち」とか言ってドヤ顔で高級アパートに囲うことを提案してくるような男なんだから。

スー 気持ち要素ゼロのお気持ち！　モノ扱い発言の「金はやるから、もう街には立つな」とかさ。女は人形じゃないんだから。

高橋 あー、まさにエドワードはピグマリオンコンプレックス（女性を人形のように扱う性癖）の一種なのかもしれない。さっき話したヴィヴィアンに向けた眼差しの違和感もそれで説明がつくな。当時はエドワードのあの振る舞いが「大人の余裕」みたいに映っていたのかも。でも、実はただ空っぽなだけだったという。

スー　公開当時からフェミニズム的にはあり得ない作品と言われていたらしいんだけど、少しはそれを広く共有できる感じにはなってきたかな。そう考えると、『ロング・ショット　僕と彼女のありえない恋』（2019年）は素晴らしいね。

高橋　『ロング・ショット』はもともと『プリティ・ウーマン』の男女逆転版という触れ込みだったからね。実際随所にオマージュも仕掛けられているんだけど、こうして改めて『プリティ・ウーマン』を観ると『ロング・ショット』の狙いがよくわかる。監督曰く「リチャード・ギアが若い売春婦を見初めたころに比べて、男女間における政治はすごく進化した。僕らはそんな状況を描いているんだよ」と。

スー　そういえば『プリティ・ウーマン』の原作はヴィヴィアンがドラッグ中毒で、ニューヨークに恋人がいるエドワードはセックスワーカーの彼女を終始見下していくるんだって。そして、お互いもとの居場所に帰っていくというエンディング。これを映画化にあたって力業でハッピーエンディングにもっていったと。元のタイトルは『3000』（ヴィヴィアンが買われた値段3000ドルの意）だったらしいしね。そのダークエンディングじゃヒットしないからってハリウッドが無理やり変えたわけだけど、ひどい話よ。そのせいで、エドワードの狡猾《こうかつ》さがまるで消滅しちゃったんだから。

超セレブとの「ありえない恋」を浴びるならコレ！

story

『ノッティングヒルの恋人』（アメリカ・1999年）

ノッティングヒルにある小さな書店を経営するウィリアム。ある日、彼の店にハリウッド女優のアナが訪れる。買い物を終えたアナは店を去るが、そのあとドリンクを買いに行ったウィリアムと街角で激突。ジュースで汚れたアナの服を乾かすためにウィリアムは彼女を自宅に招待することに。この出来事がきっかけでふたりは急接近するが……。

出演：ジュリア・ロバーツ、ヒュー・グラント、リス・エヴァンス
監督：ロジャー・ミッシェル
脚本：リチャード・カーティス

スー ジュリア・ロバーツとヒュー・グラントでないと成立しない、「ありえない系」の作品ね。ジュリア・ロバーツのキャリアとしては『エリン・ブロコビッチ』（2000年）の直前で、このあとは『食べて、祈って、恋をして』（2010年）などのラブコメ作品にも出てはいるけど、いま振り返ると『ノッティングヒルの恋人』がラブコメ映画女優の総決算だったのかも。『プリティ・ウーマン』（1990年）でラブコメ映画界に彗星の如く現れて9年、その間に『ペリカン文書』（1993年）でアカデミー賞主演女優賞を取ったりしつつ、次のステップを探してたのかな。作品中に「あと10年で演技が下手なのがバレて、昔人気だった女優によく似た中年のおばさんになる」ってセリフがあって、それをジュリア・ロバーツに言わせ

るのは酷だなぁとは思ったけど。

高橋　あのセリフはメタ的だったよね。いまのスーさんの話に付け加えさせてもらうと、この映画ってジュリア・ロバーツだけじゃなく、ヒュー・グラントのキャリアにおいてもひとつのターニングポイントになっていると思っていて。現在に至るヒューのパブリックイメージの出発点になった『フォー・ウェディング』（1994年）で脚本を手掛けていたリチャード・カーティスとのコンビが完全に確立されたのが、彼が製作総指揮として携わっている『ノッティングヒルの恋人』なんだよね。この映画の成功がのちの『ブリジット・ジョーンズの日記』（2001年）や『ラブ・アクチュアリー』（2003年）につながっていくわけだし、ヒューのラブコメ俳優としてのステイタスを決定づけた作品であることは間違いないでしょ。

スー　たしかに！　観返してみて、ラブコメ映画の4つの条件を高得点で満たしているのにも驚いたわ。ひとつ目の「気恥ずかしいまでのまっすぐなメッセージ」は、「愛はすべての障がいを超える」だな。と言いつつ、アナ（ジュリア・ロバーツ）がいきなりウィリアム（ヒュー・グラント）にキスするところがあるじゃない？　あれって、性的強者特有の傲慢さでもあるよね。ずっとモテてきた女、モテてきた男がやる行動。拒絶されるという選択肢が、脳の中にない。まぁウィリアムは引っ込み思案なところがあるから、アナがそれくらいしないと話が進まないんだけど。

男性よりも女性の方が社会的地位の高いカップル

高橋 実はこれ、ここ10年で増えてきた「男性よりも女性の方が社会的地位の高いカップル」を題材にしたラブコメの先駆的な作品なんだよね。社会の変容と共に振り落とされていくラブコメ映画が多いなか、この映画が今も受け入れられている背景には案外そういう部分も微妙に影響しているのかも。「身分違いの恋」ということでは『ローマの休日』（1953年）とよく比較されるけどね。

スー 公開から20年で、ふたりの関係性についての捉え方も変わっただろうね。あと、今回注意深く観ていたら、ハリウッドスターのアナが〝スターだから〟って理由で得している場面がほとんどなかった。基本的には、有名税と呼ばれるような嫌なことばかり。それは発見だったな。

高橋 ウィリアムの妹の誕生日パーティーでの残り一切れのブラウニーを賭けた不幸自慢大会がいい。アナがショウビジネスの光と陰を吐露したあと、そのあまりの切実さにみんな思わず沈黙してしまうんだけど、すぐに「危うく信じるところだったよー」と笑って場を和ませる。このシーンは英国人情劇の面目躍如《めんもくやくじょ》といえる名場面だね。何度観てもホロリとさせられる。

スー アメリカを舞台にしたラブコメ映画とは、コメディの毛色が違うことがハッキリわかる作品だね。おかしいんだけど、そこには情けなさとか、悲哀がかなり滲んでる。人間味があるというか。それでいておふざけも過ぎていて、最高。いろいろあって、ウィリアムがいろんな俳優にインタビューしなきゃならなくなるシーンがあるのだけど長いの！　くどいったらないよね。でも、それが最高なのよ。制作陣、ワザとやってる。しかし、あの無意味に見えたシーンがのちのち効いてくるとはね！　お見事でした。

高橋 フフフフフ、このくどいギャグをのちのち見事に回収してくるからね。ラブコメ4つの条件ふたつめの「コミカルかつロマンティックに伝える術」ということでは、ウィリアムの「現実じゃないみたい、夢のなかで起きる出来事みたいだ」というセリフに対してアナが「その夢の続きはどうなるの？」って返すシーンにしびれるな。おとぎ話から現実に引き込むめちゃくちゃスリリングなひと言だよね。ドキッとする（笑）。

スー そして「ご都合主義」ね。全編ご都合主義だけど、ウィリアムがアナの申し出を断るシーンだけは、すごくリアルだなと思った。もう一度去られたら、もう二度と立ち直れないというその気持ち。だって街中にアナの笑顔があふれてるんだも

高橋　の。キツいよ。

高橋　超セレブとの物理的・精神的な距離の描き方が絶妙なんだよな。届くのか届かないのか、届いているのか届いていないのか、本当なのか本当じゃないのか……。

日常を支えてくれる友だちがいれば、大丈夫

スー　ウィリアムは友だちに恵まれているよね。4つの条件の「明日もがんばろうと前向きな気持ちにしてくれる」に当てはまるね。必要なのは、日常を劇的に変えてくれるスターの登場じゃなくて、日常を支えてくれる普通の友だち。友だちがいれば、大丈夫だなって。

高橋　これもまたお約束なんだけど、それまでただの変人でしかなかったウィリアムの同居人スパイク（リス・エヴァンス）がここぞという局面でやってくれるのは、わかっちゃいるけどグッとくる。

スー　さて、ちょっとヨシくんに質問です。アナがウィリアムに惹かれた理由になるであろうシーンって、いくつ思いつく？　私は「万引き犯を責めないところ」と「アナの悪口を言った人たちに立ち向かったところ」かな。あと、ハリウッドでは決して生き残れないお人好しの性格に、仲間と紡ぐ温かい小さな幸せ……みたいな

ものもあるかな。

高橋　真っ先に思い浮かぶのは、アナとウィリアムがレストランで食事をしている時にアナの下世話なゴシップ話で盛り上がってる隣席の男どもをウィリアムがたしなめるシーン。ここでアナの心が動いたのは、彼女がウィリアムに続いて追い討ちをかけたことからも明らかだと思う。きっとアナはこれまでに何度も同じような目に遭ってきて、そのたびにじっと息を潜めてやり過ごしてきたのだろうけどね。

スー　ウィリアムもレストランでは「彼女も生身の人間だし……」って言ったじゃない？　あれがグッときたのかもね。

高橋　うん。「名声なんて実体のないもの。忘れないで。私だって好きな人の前では愛されたいと願うひとりの女なの」というアナの有名なセリフは、ウィリアムのそのひとことを受けて出たものなのかもね。

6章

働きすぎて疲れた私に、王子様プリーズ！

『ニューヨークの恋人』

都会のキャリアウーマンが見た、荒唐無稽な幻覚？

story

『ニューヨークの恋人』（アメリカ・2001年）

1876年のニューヨーク。貴族のレオポルドは、舞踏会で見かけた怪しげな男が気になり追いかけていくうちに21世紀のニューヨークにタイムスリップ！　そこでキャリアウーマンのケイトと出会った。当初は歴史と文化の違いに戸惑っていたレオポルドだったが、徐々に現代の生活に馴染み、ケイトと恋に落ちるが……。

出演：メグ・ライアン、
ヒュー・ジャックマン、
リーヴ・シュレイバー
監督：ジェームズ・マンゴールド
脚本：ジェームズ・マンゴールドほか

スー　これは、観る側の「腕」が試される作品だね。想像や推測で物語の隙間を補完しながら観なくちゃいけないから。でも、敢えて元気がないときに観たほうが刺さるかも。だってあまりにも……。

高橋　1876年のニューヨークで暮らしていた貴族が現代のマンハッタンにタイムスリップしてくるわけだからね。荒唐無稽《こうとうむけい》も甚だしい（笑）。ラブコメ映画のご都合主義ここに極まれり、だね。

スー　現代を生きるバリバリのキャリアウーマンに、「白馬の王子様」をあてがったら物語がどう転がっていくか？が裏テーマだと思うんだけど、それにしても思い切ったなと。

高橋　念のため、いまスーさんが言った「白馬の王子様」はメタファーでもなんでもないからね。この映画では実際に王子様が白馬に乗って登場する（笑）。ホント、大昔の少女漫画みたいなお話なんだよ。

スー　あのシーンは本当にびっくりしたわ。「まじか」って声が出た！　でも、恐ろしいことにちょっとジーンともきちゃったのよ。私の中にも「白馬の王子様幻想」があるんだってドン引きしたけど、ジス・イズ少女漫画タイプのラブコメ映画なんだから仕方がない。ああいうのが素敵なんだって繰り返し刷り込まれてきた世代だもの。

乙女の憧れを概念化した「白馬に乗った王子様」

スー　とはいえ、「この作品、好きです！」と大きな声では言いづらいところもある。だって「鑑賞用ヒュー・ジャックマン」という匂いがプンプンするから（笑）。これを観て、男も女も理想の恋愛相手をファンタジーのなかに押し込むものなんだなと思った。妄想を楽しむという〝お作法〟を嗜んでいるんですよね。よく映画やドラマで「男にとって都合のいい女が描かれてる！」なんて言われることがあるけど、当然逆もあるってことで。

高橋　にしてもこれは豪快だよね。繰り返しになるけど、理想の恋人を1876年のニューヨークから連れてきちゃうんだもん。

スー　ラブコメ映画を観るひとつの視点として、ファンタジーの世界にうっとりしてる自分を俯瞰で笑うっていうアイロニーがあるけど、この映画は設定が過剰にファンタジックだから、下手するとそれに気付けないまま話が進んでっちゃうんだよ。「現代社会に理想の男がいないんだったら都合のいいのを連れてくるか！」って話だよ？　ド頭から究極のご都合主義というか。国境どころじゃない、時空を超えて連れてくるんだもん。

高橋　斬新だよね。さっきも話したけど、いわゆる乙女の憧れを概念化した「白馬に乗った王子様」そのものを実際に現代劇に落とし込んだわけだからさ。

スー　ギャグですよ、もはや。働きすぎて疲れきった女の幻覚なんじゃないかという気もするけど（笑）。ケイト（メグ・ライアン）はマンハッタンの広告代理店でバリバリ働いてるんだけど、昇進目前のところで上司にパワハラまがいなことをされて、クライアントからもギャーギャー注文つけられてしまう。そりゃ疲労困憊だわ。だからか、途中から働き疲れた女が逃げ込んだ妄想に見えてきたの。仕事をしすぎた女が見た夢。悲しい！

高橋　タイムスリップもので夢オチはいくらなんでもひどすぎるけど、たしかにケイトの妄想と考えてみればいろいろしっくりくる（笑）。仕事に疲れた女性はケイトに自己投影しやすいかもね。

お金以外のすべてを持っている男とは

スー　まさにそれがラブコメ映画の効能。現実を忘れて気持ちが楽になれる。仕事や家事育児、介護なんかに疲れた女にはもってこいではないかな。レオポルド（ヒュー・ジャックマン）がケイトに手紙を贈るシーンがあるけど、グッとくるんだよね。昔ながらの紳士的振る舞いは難攻不落《なんこうふらく》の女性に効果を発揮することもあるかもしれないって思った。レオポルドがあそこまで自分に素直になれるのもすごい。とはいえ、真に受けすぎてもよろしくないとも思う。だってレオポルドはあくまで女が考える都合のいい男性像だから。「あれが理想」って言われても男たちはつらいでしょ。逆を考えてみたらゾッとしない？　「現代の女性が失った昔ながらの女らしさを備え持った女性に、仕事に疲れた男が恋に落ちる映画が公開になります！」って。炎上案件ですよ。ただ、レオポルドも都合のいい男性像とはいってても、貴族なのにお金はないんだよ（笑）。だからケイトの物語が始まるのはむしろここから。お金以外のすべてを持っている男と、どうやって暮らしていくかだよね。

高橋　そうなんだよね。そう考えると、いくらはちゃめちゃな設定の映画とはいえ最後のケイトの決断はどうしたって無茶がある。いま撮ったら微妙に違った結末になるかもね。

スー　あんなこと、働き盛りの30代半ばの女にはできるわけがないもんね。だから「都会で働く疲れすぎた女の誇大妄想」として観るのがいちばんなの（笑）。そうするとかなりブラックなエンディングになっちゃうけど。

高橋　もうちょっとオブラートに包んで「都会で働く疲れすぎた女性を癒す大人の少女漫画」ぐらいにしておこう（笑）。

スー　ふふふ。現代にタイムスリップしても、19世紀でも、お金がない王子様ってのがまた。私だったら彼に逆の提案をしたと思うわ。ただし、レオポルドにはとあることで成功する未来がある。だからケイトはあの決断をしたのかも？　あんな大胆なことができるなら、ケイトは経営者としての資質があるのかもしれないな。

高橋　確かに、生き馬の目を抜くマンハッタンの広告業界でのしあがってきたケイトだから、そのぐらいのことは織り込み済みなのかも……それはそれで映画の見方がだいぶ変わってきちゃうけど（笑）。

スー　そうそう、この前『シェイプ・オブ・ウォーター』（２０１７年）を観たのよ。あくまで個人の感想だけど、驚くことに『ニューヨークの恋人』を3行で説明したら同じジャンルの映画になるような気がした。ぜんぜんちがう映画なのに、あらすじのあらすじは一緒というか。テーマとして、女性の「ここではないどこかへ誰か連れていって」という願望があるように思った。描き方でこうも変わるのか！とも思ったけど。

高橋 『シェイプ・オブ・ウォーター』、スーさんの報告を受けて半信半疑で観たら本当に似たようなところがあってびっくりした。『ニューヨークの恋人』を『シェイプ・オブ・ウォーター』と重ね合わせて論じているのはまちがいなく世界でここだけだと思うけどね（笑）。しかし最初は「観る側の腕が試されるラブコメ」なんて言いながらおそるおそる紹介していたのに、まさか最後にきてアカデミー賞作品賞受賞作を引き合いに出して語ることになろうとは。

スー （笑）。こうやって永遠に想像で物語を補完できるタイプのラブコメ映画は、上映時間の何倍も楽しめてお得なのかも。

冴えないふたりが、プリンセスとプリンスになれた理由

story

『恋人はゴースト』（アメリカ・2005年）

仕事一筋の医師エリザベスは、交通事故に遭ってしまう。一方、妻を亡くしたショックから立ち直れないデヴィッドは新しいマンションに引っ越すが、その部屋に女性の幽霊が出現！　そこは、エリザベスが暮らしていた部屋だった。自分を部屋から追い出そうとするエリザベスに困惑するが、彼女の身体がまだ死んでいないことを知って……。

出演：リース・ウィザースプーン、
マーク・ラファロ、
ドナル・ローグ
監督：マーク・ウォーターズ
脚本：ピーター・トランほか

高橋　いきなりだけど冒頭の不眠不休で働くエリザベス（リース・ウィザースプーン）の描写はちょっと壮絶だったな。

スー　働きすぎの女ならあそこで泣いちゃうよ。「懸命になって働いてきた私の人生はなんだったんだろう？」ってセリフが刺さったよね。自分の楽しみは後回しにして誰かの役に立ちたいと思って働いてきたのに、いったい自分の人生はなんだったんだって。

高橋　デヴィッド（マーク・ラファロ）がエリザベスの恋人に扮して彼女のかつての同僚に話を聞きにいくシーンがあるけど、みんな口を揃えて「あのエリザベスに恋人がいるなんてありえない」って言うんだよね。

スー　うん。みんなエリザベスのことが大好きなのに、恋愛についてだけはあんな風に言うなんて、見ていてちょっとつらくなっちゃった。そういう意味では『ニューヨークの恋人』（2000年）と共通するところがあるよね。働きづめの女性たちに寄り添ってくれる映画。

高橋　タイトルからはデミ・ムーア主演の『ゴースト　ニューヨークの幻』（1990年）のラブコメ版を連想するかもしれないけど、対談を始める前にスーさんが言っていた「お笑い『シックス・センス』」という形容がいちばんしっくりくる（笑）。

スー　そう、本人が死んでることに気づいてないっていうね。これに関しては昏睡状態で完全には死んでいなかったわけだけど。

高橋　でもファンタジー色は強いけど、わりとオーソドックスなラブコメ映画だよね。適度にロマンティックで、適度に笑えて、鑑賞後はちょっと元気になれる。ストーリー運びも盤石。

独身者に対するハラスメントはあまり語られていない

スー　ラブコメのお手本みたいな映画よね。結構丁寧にドラマを描いてきたのに、最後の最後にきて無理くりな展開があったりするところも含めて「これぞラブコメ映画！」って感じ。「あーロマンティックな力業で無茶苦茶に畳み掛けてくるぅ〜！」って快感。現実にこれはないし〜しかし気持ちイイ〜っていう。だからこそ、この映画、基本的には20〜30代の働く女性にこそ観てほしいかな。主人公で医師のエリザベスは「いずれ楽しめばいいんだ」って一切のプライベートを犠牲にして働いていたら交通事故に遭って昏睡状態になってしまったわけで、同じような境遇にいる人は、この映画を観てウットリしながら危機感を持つかも。

高橋　エリザベスが住んでいたマンションの住人たちも彼女のことをほとんど認識していなかったしね。ある意味、エリザベスはもともとゴーストだったんだよ。

スー　しかもあれだけ満身創痍で働いてるのに、子どもがいる同僚の女性に「あなたは仕事のことだけ考えてればいいんだからうらやましい」なんて言われてさ。

高橋　あれはあまりに配慮を欠いた発言だよね。ひどすぎる。

スー　「独身者は自分のやりたいようにやってればいいんだから気楽よね」みたいな、ああいうハラスメントに関してはあまり世の中で語られないんだよね。この映画はそれを十数年前にすでに描いていたんだなって思って。そういう部分も含めて、仕事ばかりの女性に「結局大事なことってなんなの？」ということを改めて問うてくる映画だよね。

高橋　そのへんはリース・ウィザースプーンの人間的魅力によって感情移入できてると

ころもあるかも。『ハイスクール白書』（1999年）や『クルーエル・インテンションズ』（1999年）で注目を集め始めたころから目を引く存在だったけど本当にチャーミングな女優さん。僕は彼女の相手役のマーク・ラファロも大好きで、彼が出ているだけで採点が甘くなる。

スー　いまとなってはアカデミー賞助演男優賞にノミネートされた『フォックスキャッチャー』（2014年）や『スポットライト 世紀のスクープ』（2015年）の硬派な印象が強いのかもしれないけど、このころはラブコメ映画によく出ていたんだよね。ジェニファー・ガーナー主演の『13ラブ30』（2004年）もすごく良かった。タイプとしては『恋人たちの予感』（1989年）のビリー・クリスタルみたいな？ダンディすぎずボンクラすぎずなちょうどいいさじ加減。

高橋　この映画は舞台がサンフランシスコっていうのも新鮮だったな。マンハッタンで繰り広げられるラブコメももちろんいいんだけど、やっぱり街の持つ力が強すぎるから「街パンチ」みたいになっちゃうんだよ。サンフランシスコだとちゃんと人間ドラマに見えるんだよね。

サンフランシスコで撮影された同系統の映画では、アン・ハサウェイのデビュー作『プリティ・プリンセス』（2001年）が大好き。アメリカ西海岸でも独自の多様な文化を持った街だからすごく雰囲気あるんだよね。

キスした人にとっては冴えなくてもプリンス

スー　うんうん。今回はいままでにないタイプの部屋じゃなかった？　マホガニーのテーブルが良い感じに小道具として使われていたり。

高橋　そういう部分も含めて手堅いよね。とにかく手堅い。

スー　そうだよね。掛け声があるとしたら「手堅い！」。ボディビルの「キレてる！」と一緒だね。ラブコメ映画のボディビル的掛け声は「手堅い！」。

高橋　フフフフフ、劇場でやったら追い出されるけどね。

スー　そうそう、エリザベスがゴーストとしてデヴィッドの前にあらわれて、私の部屋から出て行けだなんだってやってるシーンがあるでしょ？　あれ結構くどいじゃん。随分長いことときゃんきゃんやってるなーって見ていたんだけど、そのせいでいざ彼女がいなくなったときのシーンとした感じ、不在感がすごく際立つんだよね。デヴィッドが思わずエリザベスの写真を持ち帰ってきちゃうシーンとか、キューンってなったよ。

高橋　デヴィッドはエリザベスがいなくなってから彼女に口うるさく指摘されていた偏った食生活も改めるんだよね。

スー　あれは男のあるあるだね。妻とか彼女がいなくなってから言いつけを守るっていう。「一緒にいるうちにそうしてやれよ！」っていっつも思うわ。

高橋　デヴィッドは最初に結婚した妻に先立たれている設定だから、最愛の人をふたり続けて失うかもしれないって状況に置かれるわけだよね。

スー　うん。つらいよね。ただ、この映画って『眠り姫』みたいなところもあるんだよね。

高橋　確かに。プリンセスストーリー的な側面も持ち合わせてるのか。

スー　そう。ある意味プリンセスストーリーだけど、エリザベスとデヴィッドがまったくもってプリンセスとプリンスじゃないところがいい。とにかく、主役のふたりが等しく冴えてないのが最高。ちょっとネタバレ気味だけど、冴えてなくてもチューすれば目を覚ますんだよね。つまりチューした人にとって彼女はプリンセスなんだよ。彼女が目を覚ますのは彼がプリンスだからで。チューして目を覚ます系統の関係者はもともと冴えてる人ばかりじゃない！

高橋　フフフフフ、炎の言霊《ことだま》感あるね。すごくいいこと言った！　でも考えてみればさ、デヴィッドも奥さんを亡くしてから廃人同然の生活を送っていたわけじゃん。ろくに仕事もしないで、夜になったら酒を飲みながら昔の結婚式のビデオを見て思い出に浸るっていう。だから彼もまた現世をさまようゴーストみたいなものだったんだよ。それがエリザベスとの出会いによって蘇生したと。ある意味、邦題の『恋人はゴースト』はお互いのことを指してるといえるね。

スー

そういう冴えないカップルのラブコメということでも、これはひとりで観るより好きな相手とふたりでの鑑賞がおすすめ。なぜかというと、どちらか一方が拗ねたりへこまなくて済むから。「どうせ可愛いコだからでしょ？」とか「どうせイケメンだからだろ？」みたいにお互いがモヤモヤしなくていいからね。

マンハッタンと恋に落ちて

ジェーン・スー

アメリカニューヨーク州ニューヨーク市マンハッタン。泣く子も黙る全米随一の大都市であり、文化と経済の中心地です。横は約4キロメートル、縦は約20キロメートルの縦長の島で、面積は約59キロ平方メートル。東京でたとえるなら、世田谷区と同じくらい。

世田谷区は23区の中でも広いほうだけれど、その中にウォール街、五番街、ソーホー、トライベッカ、チャイナタウン、リトルイタリー、ハーレム、チェルシー、イーストヴィレッジなど多くの地区がひしめき、カーネギーホールやリンカーンセンター、メトロポリタン美術館やMoMA、ブロードウェイにエンパイアステートビルディングなどのランドマークが存在すると考えると、ちょっと驚いてしまいます。なんというエネルギー！

マンハッタンを舞台にしたラブコメ映画は枚挙にいとまがなく、おそらく最も多く使われた場所と言えるでしょう。なにしろ絵になる場所が多いため、都会的でロマンチックなムードを作る装置として非常に優秀なのです。

メグ・ライアンとビリー・クリスタルの『恋人たちの予感』(1989年・100ページ)、ミシェル・ファイファーとアル・パチーノの『恋のためらい フランキー&ジョニー』(1991年)、メグ・ライアンとトム・ハンクスの『ユー・ガット・メール』(1998年・194ページ)、ケイト・ベッキンセイルとジョン・キューザックの『セレンディピティ』(2001年)、メグ・ライアンとヒュー・ジャックマンの『ニューヨークの恋人』(2001年・120ページ)、ドリュー・バリモアとヒュー・グラントの『ラブソングができるまで』(2007年)、ケイト・ハドソンとマシュー・マコノヒーの『10日間で男を上手にフル方法』(2003年)、ヒラリー・スワンクからザック・エフロンからロバート・デ・ニーロから、とにかく著名俳優がてんこ盛りで出てくる『ニューイヤーズ・イブ』(2011年)、レイチェル・マクアダムスとハリソン・フォードの『恋とニュースのつくり方』(2010年・25ページ)、ミラ・クニスとジャスティン・ティンバーレイクの『ステイ・フレンズ』(2011年)、アン・ハサウェイとメリル・ストリープの『プラダを着た悪魔』(2006年・18ページ)、そして忘れちゃいけない『セックス・アンド・ザ・シティ』(2008年)などなどなど。パッと思いついただけでも、マンハッタンを舞台にしたラブコメ映画は盛りだくさん。

それにしても、メグ・ライアン出演作の多いこと。彼女はニューヨーク大学在学中にスカウトされショービズ界に入ったから、ラブコメ映画の女王であり、マンハッタンの申し子。

メグ・ライアン贔屓ではありませんが、ラブコメ映画でマンハッタンを楽しむなら、『恋人たちの予感』が最もオススメ。シカゴからの長旅でハリー（ビリー・クリスタル）とサリー（メグ・ライアン）が到着したのはワシントン・スクエア・パーク。フェイクオーガズムのシーンで一躍有名になったのはロウワーイーストサイドのカッツ・デリ。ハリーとサリーの美術館デートはメトロポリタン美術館。また、「秋のマンハッタン」という、そこに何を置いても自動的にロマンチックになってしまう、暴力にも近いインパクトを持つ様子も観られます。絵力の強さが凄まじいので、一度は観ておいてください。

『セレンディピティ』は、ふたりがすれ違いまくる設定のおかげで、より観光ムードでマンハッタンが楽しめます。ジョナサン（ジョン・キューザック）とサラ（ケイト・ベッキンセイル）が出会うのは、アッパーイーストサイドの老舗デパート「ブルーミングデールズ」。カフェ「セレンディピティ3」は実在しますし、印象的なアイススケートのシーンはセントラルパーク内のウォールマン・スケート・リンクです。

最近のマンハッタンを観たいなら、『サムワン・グレート　輝く人に』（2019年・244ページ）を。より生活感のあるマンハッタン描写が楽しめます。ソーホーやロウワーイーストサイドでも撮影されたようですが、私は観始めてからしばらく気が付きませんでした。でも、よく観ていると、『恋人たちの予感』に出てきたワシントン・スクエア・パークが現れたりするのです。

マンハッタンが舞台のラブコメ映画を集中的に観て、旅行欲を満たすのも一興です。

7章

終わった恋が忘れられないあなたへの処方箋

『アバウト・タイム 愛おしい時間について』

“いま”を丁寧に大切に生きるために必要なこと

story

『アバウト・タイム 愛おしい時間について』（イギリス・2013年）

自信がなく恋人ができずにいた青年ティムは21歳の誕生日、父親から「一家に生まれた男たちにはタイムトラベル能力がある」と告げられる。ティムは恋人を求めてタイムトラベルを繰り返すと、やがて運命の相手メアリーと邂逅《かいこう》。そして、なんとか彼女の愛をつかむことに成功し、いよいよふたりの時間が動き出すのだが……。

出演：ドーナル・グリーソン、レイチェル・マクアダムス、ビル・ナイ
監督：リチャード・カーティス
脚本：リチャード・カーティス

高橋 毎日の生き方が変わってくるような、めちゃくちゃ素敵な映画。個人的なハイライトは、メアリー（レイチェル・マクアダムス）とティム（ドーナル・グリーソン）が愛を育んでいく過程をお互いが利用する地下鉄の駅のモンタージュで見せていくシーン。単純にラブコメならではの楽しさにあふれているし、この映画が「時間」をテーマとしていることを考えるとなかなか含蓄《がんちく》のある場面なのではないかと。

スー 観る人を選ばない名作中の名作。スタンダードなラブコメ映画というより、もっと多面的な人間ドラマだよね。「タイムトラベルで好きになった女の子をゲットだぜ！」から始まって、モテない主人公にバカな男友だち、イケてる女の子……

高橋　って、序盤は完璧なラブコメ作品なんだけど。映画の始まりからある段階まではリチャード・カーティス監督の本領発揮といえる王道ラブコメ仕様。でも終わってみるとラブコメというよりはSFヒューマンドラマといった趣なんだよね。まあ、家族の紹介から始まる映画冒頭のティムのモノローグの時点で単なる恋愛を超えた射程を持ったお話であることは示唆されているんだけど。

スー　ふたりが結ばれた後が丁寧に描かれていて、むしろそこからが本番。それが、ただのラブコメ映画とは言えない最大の理由かも。

高橋　リチャード・カーティスの手腕をもってすれば、ティムとメアリーが結ばれるまでのすれ違いを軸にしたタイムトラベル物のラブコメとかしれっと作れちゃいそうなんだけどね。でも、この映画は途中からティムとメアリーの恋愛のゆくえからティムの家族の話へと車線変更していくことになる。

スー　ラブコメ映画の王様であるリチャード・カーティスの作品だからこそ、「なにをもってラブコメ映画となるか？」「一般的なラブコメ映画には出てこない要素はなにか？」を学べるポイントが多いよね。ほかにもそういう要素はあった？

高橋　さっき映画の冒頭がティムの家族の話で始まるって言ったけど、一般的なラブコメ映画ではメインのカップル以外のキャラクターの人物像はここまで丁寧に描かれないよ。あと、スタンダードなラブコメだったら順風満帆に思えたふたりの愛に必ず大きな試練が訪れる。でも、このティムとメアリーに関しては特にこれといった波乱もなく結婚から出産に至ってる。ただここで引っ掛かるのはさ、これってリチャード・カーティスが監督引退を表明して作った映画なわけでしょ？やろうと思えば今までのようにストレートなラブコメで通すこともできたと思うんだけど、彼は最後の作品としてラブコメになにを加えたかったのかなって。

大切なものを手にすると、身動きが取れなくなることも

スー　物語の方向転換は、妹・キットカット（リディア・ウィルソン）の事件あたりからかな？　キットカットの抱えている問題はとてもシリアス。そして、リチャード・カーティスはそれをシリアスなまま描くの。

高橋　ティムとメアリーの関係が安定していくにつれてキットカットの危うさが心配になるんだけど、まさに不安的中。まさかあんな展開が待ち受けていようとはね。タイムトラベル能力を駆使してキットカットに救いの手を差し伸べるティムのある判断が、また複雑な気持ちにさせられるんだよな。

スー　めちゃくちゃ生々しいよね。ラブコメ映画は適度なご都合主義があってこそなんだけど、この作品では究極のご都合主義システムである「タイムトラベル能力」があっても、いや、あったからこそ、どうにもならない問題があることを観客に突き付けてくる。あの場面、ヨシくんだったらどうする？

高橋 うーん、やっぱりティムと同じことをするのかな？　自分に置き換えると一段と生々しさが増してくるよ（苦笑）。

スー たとえばさ「子どもが生まれてからはタイムトラベルをしなくなりました」ってところがエンディングだったら、観客は「現在に大切なものができれば、過去を修正しようとしなくなる。だから現在を充実させよう」っていう真っ直ぐなメッセージを受け取ることになるけど、これはその先を行くからね。

高橋 自分に限らず、観ている人の多くは途中からティムがタイムトラベル能力を発揮するたびにやきもきしていると思うんだよね。些細なディテールを修正することによってなにかとんでもないものを失うことになってしまうんじゃないかって。そういった意味では、メアリーと出会わない道を選んでしまった序盤のタイムトラベルが引き起こしたハプニングがすごく効いている。ひとつボタンを掛け違えたら、すべて吹っ飛ぶことをみんな理解してるから。

スー リチャード・カーティスは、「大切なものを手にすると、身動きが取れなくなることもある」ってところまで描いてるからね。充足した現在と引き換えに喪《うしな》うものがあるし、究極の選択を迫られることで、大切なものに優先順位をつけさせられることにもなる。恋人同士の見つめ合いだけではない視点が無数にあるのよ。オーソドックスなラブコメ映画は、恋愛で頭がポーッとなって独りよがりになって視野が狭くなってナンボだもんね。

"いま"を丁寧に大切に生きる

高橋　『ラブ・アクチュアリー』（2003年）も広義での愛をテーマにしていたし、ラブコメという枠を超えて人生という尺を意識させるところがあったけど、ちゃんと王道のラブコメとして成立してたよね。同様に『アバウト・タイム』はティムの成長譚でもあって。彼は父親（ビル・ナイ）の「毎日を二度過ごせ」という訓示を実践するわけだけど、それによってティムは人生の素晴らしさに気づかされる。あのシーンは感動的だったな。自分の実人生にも影響を及ぼすレベルだね。なにげない日常がぜんぜん違って見えてくる。

スー　あの視点には心を動かされたよ。タイムトラベラーのライフハック。あのライフハックは、私たち「非タイムトラベラー」にも十分応用できるよね。メッセージは前半と後半で変わったってことかな。

高橋　人生の瞬間瞬間の尊さみたいなところなんだろうね。ちょっと強引かもしれないけど、ラブコメやボーイ・ミーツ・ガール物ってふたりが出会った瞬間、恋に落ちた瞬間、その思いが成就した瞬間、そういった局面をいかに甘美に描くかが肝になってくると思うし、実際それこそが人生の大きなハイライトになってくるわけだから、ラブコメ映画の神様＝リチャード・カーティスの監督引退作として『アバウト・タイム』のこのテーマはすごく合点がいく。言葉にすると気恥ずかしくなってくるけどさ、〝いま〟を丁寧に大切に生きていきたいなと。

スー　うん。通常のラブコメ映画が未来に希望を持たせるものであったり、緩慢な現実から逃避して夢を見させる役目を持つならば、これは人生の肯定力がつく作品だと言える。そうか、だから「気恥ずかしいまでのメッセージをまっすぐに伝える」っていうラブコメ映画の要素は踏襲しているんだね。なんにせよ、必見です！

経済的に自立した女が男に求めるものは「安らぎ」

『いつかはマイ・ベイビー』（アメリカ・2019年　Netflixオリジナル映画）

story

セレブシェフのサシャと、実家暮らしの売れないミュージシャンのマーカス。幼なじみで仲の良かったふたりは些細な喧嘩が原因で15年間連絡を絶っていたが、サシャが仕事で地元に帰ったことで思わぬ再会を果たす。お互いパートナーがいるものの、なんだかんだ息が合うふたり。互いへの思いが再燃しつつあるふたりの関係はどうなる!?

出演：アリ・ウォン、ランドール・パーク、キアヌ・リーブス
監督：ナナッチカ・カーン
脚本：マイケル・ゴラムコほか

スー　重要ポイントはふたつ。アジア系のカップルが主人公であること、男女の社会的地位が、これまで多かったラブコメ映画とは逆転していること。つまり、社会的に成功しているのが女性ということ。マージナライズ（周辺化）されていた人種が主人公になり、ステレオタイプだった男女の役割も逆転させた。これだけで様子が変わってくるよね。

高橋　オーソドックスなラブコメディを装いながらも設定は現代的にアップデートされているというね。人種やジェンダーを取り巻く状況の変化をビビッドに反映している最近のラブコメは本当におもしろい！

スー　ラブコメ映画の設定で言うと、『ローマの休日』（1953年）のような美男美女の

物語、モリー・リングウォルド主演の『すてきな片想い』（1984年）のような美男に選ばれる普通の女の子の物語、そして『恋人たちの予感』（1989年）のような普通の男女がお互いを選ぶ物語、とバリエーションが増えてきて、やがて白人ばかりだった主人公が黒人やヒスパニックになり、ついにアジア人が主人公の時代が来たと。それと並行して、男女のステレオタイプ的な地位や役割が逆転、という流れがある。同時にLGBTQ＋のラブコメ映画も出てきてるしね。

高橋　LGBTQ＋のラブコメはネットフリックス製作でもだいぶ増えてきたもんね。でもホント、ラブコメ映画もここにきてぐっと多様性に富んできた。

スー　この作品で描かれているLGBTQ＋も「特別なこと」ではないのよね。ヒントは出産シーン。あまりにも自然で、最初は気付けなかったよ。男女の社会的地位が逆転しているからこそ飛び出す、示唆に富んだシーンやセリフにも要注目。たとえばサシャ（アリ・ウォン）が次の仕事でニューヨークに渡る時、なんの躊躇もなくマーカス（ランドール・パーク）に「あなたも来るでしょ？」って感じだったじゃない？　ちょっとびっくりしたんだけど、旧来型の男女設定だったらあるあるなんだよね。

サシャは性に旺盛で成功に貪欲な女。性別が女というだけで、基本的なマインドセットは成功者のソレ。一方、マーカスは周囲から「如何に彼が世の中にとって取るに足らない男か」を無神経に言われる。そういう場面がしつこいくらいに出てくるよね。あれは観てて辛かったな。女はああいうことは言われないもの。そもそも社会的な貢献を期待されていないからなんだけどさ。

好きな人の恋人が有名俳優だったら!?

高橋 そうそう、キアヌ・リーブスが本人役で出てくるんだけど彼が登場したときのマーカスの表情が最高！　でもこれ、自分に置き換えたらたまったもんじゃないよね。ひそかに思いを寄せる女性にボーイフレンドができたってだけでも死にたくなるのに、よりによってそれがキアヌ・リーブスという絶望（笑）。

スー ホントだよね。だけど、サシャの相手が「偽キアヌ」だったからこそ、マーカスは粘れたのよ。どう偽物だったかは観てからのお楽しみということで……。ほんっとに最高！

高橋 そもそもこのオファーを受けたこと自体があっぱれだよね。こういう役を喜々として演じるあたりがキアヌのキアヌたるゆえんともいえるけどさ。ともあれ、これでまたキアヌの好感度爆上がりだよ。

スー それはそうとしてさ、マーカスって物持ちが良すぎじゃない？　キアヌとサシャとのダブルデートで着てた服は高校時代のプロムのスーツだし、車も15年以上乗っているカローラで。ああいうのはすべて過去に囚われたままの成長できない男の象徴として描かれているんだと思った。ちょっと意地が悪いよね！

価値観が全く違っても付き合っていけるのか

スー マーカスとサシャが喧嘩した時に「女だってサポートが必要なのよ！」って言うじゃない？　あれにはグッときたわ。そうなのよ、サポートが必要なことに性別は関係ないのよ。「君のパース（小さな鞄）を持つ男にならせてくれ」ってマーカスの決めゼリフはどうかと思ったけどね。さすがにそんなこと思わないでしょ。あれは女に都合が良すぎ。欲をいえば、正しさを描くことを優先したゆえの物足りなさは若干残るかも。

高橋 確かに、登場人物の心の動きがいまひとつつかみにくかった気はする。特にモヤったのはマーカスだよね。彼のエモーションが露わになるような決めゼリフがひとつでもあったら、クライマックスのラブコメ的カタルシスはもっとアップしていたんじゃないかな。

スー 身も蓋もないことを言いますけど、経済的に自立していると、女が男を選ぶ基準も変わってくる。新しい世界なんて見せてくれなくて良い。素顔のままで安らげることが大事なんだと思ったわ。

高橋　経済的・社会的立場がまさにこのサシャとマーカスのような夫婦が知り合いにいるんだけど、もう長い間ずっと安定した関係を維持してる。旦那さんの人柄から考えると、それはきっとスーさんの言う通りなんだろうな。今度それとなく秘訣を聞いてみよう（笑）。

スー　サシャとマーカスって、現実的な未来予想図のひとつでもある。ますます男女の役割が固定されなくなるであろう将来、リアルなカップルが抱える問題を示唆してくれてる。一緒にいるとリラックスはできるけど、ふたりは価値観が全く違うじゃない？　特に経済的な価値観がね。だけど、惹かれ合う。決定的に相容れないところがあるけど、それでも互いの異なる価値観を認め合う。サシャとマーカスは今後もガンガン衝突するでしょうね。「それでも好きだ」という気持ちにお互いどこまで正直でいられるか。サシャがマーカスをどれだけ尊重できるかに、ふたりの未来はかかってると思いました。

高橋　結構世評も高いようだし、ここはぜひともサシャとマーカスのカップルのその後も描いてほしいよね。『ロマンティックじゃない？』（2019年）でレベル・ウィルソンがラブコメ映画をディスりながら「肝心なのは結ばれてから後なんだよ！」

って主張していたけど、題材的にもそこを描いてこその現行ラブコメという気はする。ぜひとも続編に期待したい。

8章

身勝手な男どもよ、思い知れ！

『ハート・オブ・ウーマン』

女たちの心の声を聞かせたら、男は変わるのか

story

『ハート・オブ・ウーマン』（アメリカ・2000年）

広告代理店に勤めるニックは、〝男っぽい〟商品の広告でヒットを飛ばしてきた自信満々のバツイチ。しかし、ライバル会社からやってきたやり手の女性ダーシーに狙っていたポジションを奪われてしまう。ショックを受けたニックはある日、自宅のバスルームで転倒。目を覚ますと、なぜかあらゆる女性の心の声が聞こえるようになっていた！

出演：メル・ギブソン、ヘレン・ハント、マリサ・トメイ
監督：ナンシー・マイヤーズ
脚本：ジョシュ・ゴールドスミスほか

スー　ラブコメ映画のカジュアルなルックをベースに、シビアな現実をちょいちょい挟み込んでくるよね。女性が自分の上司になることに男たちが苛立ったり、女性の話に耳を傾ければいいだけのことなのに、話も聞かずに「考える頭があるとは思えない」と腐《くさ》したりする場面があるけど、アメリカでも日本でも、男性優位の古い会社だとまだまだあると思うわ。あそこまで露骨なのは一部の男性だろうけどね。

高橋　ダーシー（ヘレン・ハント）の転職初日、新しい同僚との顔合わせのミーティングのシーンからいきなりひどかった。ダーシーが挨拶のスピーチをしているあいだ、モーガン（マーク・フォイアスタイン）の彼女を小馬鹿にした態度といった

らもう。ああいう子どもじみたミソジニー（女性蔑視）はいまだにはびこっているんだろうな。

スー　あのシーンは非常に重要よ。ニック（メル・ギブソン）は自分がダーシーのポジションに任命されるものだと思っていたから、彼女の登場がおもしろくない。ニックの同僚であるモーガンがそれを察して、わざと性的なおふざけをニックに仕掛ける。「気にすんなよ」って慰めなんだろうけど、女が嫌がりそうなおふざけを挟んでダーシーの存在を貶めるやり方には感心しないわ。ちゃかすことで、他者の大舞台を取るに足らないことにしてるんだもの。嫉妬が生々しいよね。

思い描く自分像と他人からの評価は一致しない

スー　ニックしかり、モーガンしかり、あの手のミソジニー男たちが無意識にやりがちな振る舞いがとてもよく描けてた。そんなことをものともせずに、ダーシーは鮮やかにプレゼンを始めるのがまた痛快。誰にもマウント取らず、実績もひけらかさず、自分が有能だってことを、転職一発目のプレゼンで示す。心ない噂をやんわり否定しながら、「いまなにをすべきか」をちゃんと部下たちに提示していたもの。ピンク色の箱に女性用消費材を入れてスタッフに配ってね。あの箱には、男にとっての「くだらないもの」がたくさん詰まってたでしょ？　だけど、その「くだらないもの」を理解できないから、女性市場の広告が取れずに会社の売上が激減してる。なぜ私がここに来たかをわからせるための、パーフェクトなプレゼンだったな。

高橋　ニックは文句を言いつつも鼻パックから除毛ワックスまでひと通り試してみるんだよね。このシーンは彼が部屋の音楽を旧来型な男性像をイメージさせるフランク・シナトラから映画の公開当時流行っていた女性シンガーソングライターに変えて「女性モード」に入ろうとするのがおもしろい。ニックは娘のバッグから勝手にCDを取り出すんだけど、これがアラニス・モリセットだったりフィオナ・アップルだったりする（笑）。

スー　メレディス・ブルックスもあったよね。強い女の象徴みたいな音楽ばかり。この作品では、ニックとダーシーの恋模様と同じくらい、女性の心の声が聞こえるようになったニックの心境の変化が見所よね。傲慢↓混乱↓恐怖↓気づき↓奮闘↓理解↓反省↓新たな恐れ↓自分の弱さを認めて行動を変える、という流れ。「混乱」シーンが秀逸よ。それまで自信満々だったニックだけど、女性たちの声が聞こえるようになって、自分が思い描いていた自分の像と女性からの評価に、かなりの隔たりがあることに気付く。かなりショック受けてたね。

高橋　あまりのショックからカウンセラーのもとに駆け込んで「会う女性がみんな俺のことをバカって言うんです！」って（笑）。まあ、このぐらいのことは言われてるんだろうと覚悟していてもいざ耳に入ってきたら相当しんどいだろうね。そりゃあおのずと誰にでも優しく接するようになるよ。

スー　そんなニックの良さは、なにがあってもめげないところ。オフィスの女性たちとおしゃべりする時間を持つようになって、なんだかすごく楽しそう。それにしても、ダーシーが最高だった。冷徹なステレオタイプのキャリアウーマンではなく、仕事はできるが威圧的でも排他的でもない、人の意見を聞く余裕のある女性として、一貫して描かれている。ニックがいいアイディアを思いついたら、ちゃんと譲るもんね。ユーモアと余裕を兼ね備えた、傷付いた過去もある女性。むしろ、これから描かれるに値する女性像だと思ったよ。

高橋　そんなダーシーだけど「旦那と別れて思った。自分に忠実である女は代償として愛に見放される」というセリフが妙に印象的だったな。

スー　夫に従順ではいられなかった自分を責めているのよね。この辺りも生々しい。ところで、ダーシーのことを好きになってから、ニックは常に怯えていたじゃない。本当に人を好きになると、誰でも弱くなる。そして、傷つきやすくなる。

高橋　クライマックスのふたりのセリフのやりとりがまさにそんな感じだったけど、やっぱりラブコメ映画は最終的にはダイアローグがものを言うジャンルなんだって痛感させられたな。ラストシーンのキレ味には本当にうなったよ。「真夜中に君を助けにきた英雄みたいな口調だ。本当に助けが必要なのはこの僕なのに」というニックに対し、ダーシーは「救いを求めてきた人を追い返すなんて光り輝く甲《かっ》冑《ちゅう》を着た英雄のすることじゃないわ」って。

女が男に求めることは「話を聞いてくれること」

スー　女心を理解してからのニックのディテールをちゃんと描いていたのがよかったな。見たいものが見つからなくて、テレビのチャンネルをカチャカチャ変えるシーンがあったじゃない？　あの時のニックの表情！　いままでは平気だったコンテンツも、女性の感性を共有したら、見るに堪えないものばかりって描写よね。あと、郵便物の仕分けを担当している女性社員につまらない仕事をさせてるのは自分だったと気づいた流れも良かった。

高橋　ニックはかつての自分の行いを省《かえり》みる姿勢があるからね。これは見習いたいところ。

スー　20年前の作品なので、さすがに今の基準に照らし合わせると不適切な描写もあるんだけど、女性の声が聞こえるようになってからのニックの変化を、ダーシーとの関係性を通して描いた流れはとてもよかった。だけど……この物語って、「男はわかってくれない！　男にバカにされないで理解されたい！」という女の執念が産んだ作品だとも思う。ラブコメ映画で夢見させてよっていう。

高橋　その叫びは原題の「What Woman Want!」にストレートに打ち出されているね。ある意味、このタイトルにいまのスーさんの話が凝縮されている。

スー　ダーシーのなにげないセリフに「(私の)話を聞いてくれていたのね！」ってのがあったじゃない？　あれ、まさに全女性の言葉かも！（笑）男が真摯に女の話を聞き、女としてではなく同じ人間として扱い、尊重し、協力し、蹴落とさず、最終的に「君の助けが必要だ」って言ってくるとか……。やっぱり、夢の世界かもしれない。

男と女が入れ替わった世界はホラーだった

story

『軽い男じゃないのよ』（フランス・2018年　Netflixオリジナル映画）

高慢な女たらしの独身男ダミアンは、ある日街で頭を打って気絶したことをきっかけに不思議な世界に迷い込む。そこは女性が社会の中心で活躍して男性は差別的な扱いを受けながら家事や子育てに従事する、男女の社会的役割が逆転した世界だった。ダミアンは戸惑いを覚えながらも女流作家アレクサンドルの助手として働き始めるが……。

出演：ヴァンサン・エルバズ、
マリー＝ソフィー・フェルダン、
ピエール・ベネジット
監督：エレオノール・ブリア
脚本：エレオノール・ブリアほか

スー　なんなんだ、この映画は……。話の大筋や設定は完全にラブコメなのに、ある意味ホラー。「明日もがんばろう！」というより「明日も戦わなきゃ！」という気持ちになるよね。男女の設定を逆にしただけなのに、女を取り囲む現状が如何にキツいか、気づきたくないレベルまで気づいちゃった。

高橋　映画が始まって、ダミアン（ヴァンサン・エルバズ）がポールに頭を痛打《つうだ》してパラレルワールドに迷い込むまでの10分。この10分のダミアンの振る舞いが以降の展開の前振りになっているんだけど、マチズモ（男性優位主義）やミソジニー（女性蔑視）の醜悪さが凝縮されていてうんざりする（苦笑）。

スー　そう？　だってダミアンみたいな男って、ドラマや映画によく出てくるじゃない。

ちょっと困った人、くらいの扱いで。本当は「ちょっと困った」で許容しちゃいけないってことよね。男女の立場を逆にすると、それがはっきりわかるようになる。現実の世界でも、家族であれ会社であれ「権力を持つ人たちに気に入られないと、居場所がなくなる」っていう恐怖は男女どちらとも体感してること。上司と部下の両方が男でもね。

だけど、現状は男女のパワーバランスに差があるから、「気に入るのは男」で、「気に入られるのは女」という構造になりがちなんだよね。現実ではそこがなかなか伝わらない。ダミアンは権力を持った女たちに自分の話をちゃんと聞いてもらえないじゃない？　映画だとダミアンが不憫に見えるけど、あれ現実では女によくあることだよね。作中の女たちがやっていることって本当にひどかったけど、男性に変換すると〝社会にいがちな無理解な人〟っていう立ち位置でよく出てくる。男たちのデモをからかう女の態度とかね。女がやるとあり得ない無礼と思ってしまうけど、男だとキャラクターとしては自然に存在する人になる。なぜだろう？と考えるきっかけになるよね。

高橋　「気に入るのは男、気に入られるのは女」か……ジェンダーが逆転した世界において、ダミアンはただ街を歩いてるだけで女性から口笛を吹かれたり、公園のベンチで座ってパンを食べてるだけで女の人からどうでもいいちょっかいを入れられる。彼は普段日常的に自分がやっていたことをやり返されて気づいたと思うんだよね。もともと対等な関係として女性を見ていなかったんだって。

理解する気のない男とは「まともに取り合わない」

スー　アレクサンドラ（マリー＝ソフィー・フェルダン）の元カレが彼女の家に入って来て「利用されていただけ」「私がバカだった」ってダミアンに言ったでしょ？　それを聞いたダミアンは、帰宅したアレクサンドラを責めるじゃん。でも、責められたアレクサンドラはハナからダミアンを相手にしない。分が悪いのがわかってるから、取り合わないことで非難を逃れようとするのね。平然としらを切ったり、「そう怒るなよ」とトーンポリシング（主張の内容は受け取らず話し方や態度に注文をつける）をする。
あれをやられたことがある女は多いんじゃないかなぁ。今まで「男ってそういうものだから」と語られてきたけど、そうじゃない。そもそも女を対等な相手として見ていない男がいるからこうなるんだとわかって、改めてゲボーッとなりました。持たざる者からすると、相手にちゃんと向き合ってもらうことすら困難なのよ。それを男女逆転させることで明らかにしているんだよね。男女の話であるよ

高橋　うで、実際には権力を持つ者とそうでない者の話なの。そういえばダミアンがポールに頭をぶつけて気絶したとき、駆けつけた女性の救急隊員が真剣に彼の手当てをしてるのに、ダミアンも彼の友人もふざけたり冷やかしたりしてまともに彼女に取り合おうとしないんだよね。見ていてめちゃくちゃ不快だったな。

スー　一方で、私はこの作品を観て「まともに取り合わない・やりあわない」方法を覚えなきゃダメだとも思った。理解する気のない相手にわかってもらおうと躍起になる必要なんて、そもそもないのかも。相手が本気で怒っても「そんなに怒っちゃって、どうしたの？　いろいろうまくいっていないの？」とか茶化す方法を覚えないと対抗していけないなと。我々はまともに向き合おうとしすぎていた！

日常のなかの無意識のジェンダーバイアス

高橋　パラレルワールドに移行してから最初にギョッとするのは街の景観。もうそこらじゅうに半裸の男性モデルの看板やらポスターやらがあふれてる。確かに男女逆転させたら世の中こういうことになるんだよね。

スー　一部の男たちは「女の体は美しいんだから男とは違うだろ」と言うかもしれない

けど、そうじゃなくて「女の体は美しいんだから、公共の場で消費してもいい」と思っている人たちが権力を持っているってだけの話よね。男の裸と女の裸、どっちが美しいかの話じゃない。映画の中のように、女と男が対等だとはハナから思っていない社会的地位の高い女たちが「男性の体は視覚的な消費物」と考えたら、街中が男の裸だらけになるってこと。そこで「男の体を消費するな！」と男たちが訴えたとしても「おいおい、なにを怒っているんだい？」と女に苦笑されたり、「キレイなんだから文句言うな！」「おまえの体には興味ないから嫉妬すんな！」と女から罵声を浴びせられたりする世界。

高橋　日常の中の無意識のジェンダーバイアスが映画全編を通してどんどん表面化されていくからとにかく生々しいんだよね。それにしても、性行為にまつわるシーンはどれもきつかったな。セックスは女性が乱暴に男性を扱って自分がイッたらそれでおしまい。ダミアンの父親が若いころにたびたび妻の急な欲情のはけ口にされて嫌々ながらも身を任せるしかなかったって告白するシーンもさらっと描いていたけどしんどかった。それを男が生まれ持って受け入れなくてはいけない運命として話しているところが余計にもう……。

スー　自分がいかに社会に飼いならされているかを痛感したわ。「作中の女たちがやってることがひどくて、観続けるのが嫌になった」と言ってた女友だちがいたんだけど、同じことを男がやったら「嫌なやつだなー」ぐらいで終わったはず。この作品が画期的なのは、「俺はこんなにひどいことをしていたんだ！」とダミアンに簡単に改心させるシーンを作らなかったところだと私は思っていて、ダミアンは迷い込んだ世界に順応するのに必死で、それどころじゃなかったじゃない？「疑問」「反発」「反省」「改心」のステップを踏むには、精神的余裕が必要だっていうリアリティ。この辺が普通のラブコメ映画とは大きく異なるところよね。

高橋　そして、ラストシーンが本当に衝撃的。鑑賞後の後味としては完全にホラーだよ。これ、世の中の見え方が変わる映画としては最強クラスなんじゃないかな。いや、人によっては世の中の見え方どころか明日からの社会での振る舞いが変わる映画になるかもしれない。

ラブコメの帝王《キング》、ヒュー・グラント

高橋芳朗

誰かひとりラブコメディのキングを選ぶとしたら？　即座に数名の顔が思い浮かぶクイーンに対して、こちらは実質二択に絞られます。まずひとりは１９６６年生まれ、ニューヨーク出身のアダム・サンドラー。そしてもうひとりは１９６０年生まれ、ロンドン出身のヒュー・グラント。ここは「女王」ドリュー・バリモアのベストパートナーとして『ウェディング・シンガー』（１９９８年）『50回目のファースト・キス』（２００４年）『子連れじゃダメかしら？』（２０１４年）で三度彼女の相手役を務めたアダム・サンドラーを「帝王」とするのがおさまりがいいのかもしれませんが、より王位にふさわしいのはヒュー・グラントであると考えます。

　ドリューがそうであるように、ヒューもまたフィルモグラフィの大半をラブコメディが占めています。ゴールデングローブ賞で主演男優賞を受賞した『フォー・ウェディング』（１９９４年）以下、『９か月』（１９９５年）、『恋するための３つのルール』（１９９９年）、『ノッティングヒルの恋人』（１９９９年・113ページ）、『ブリジット・ジョーンズの日記』（２００１

年・201ページ）、『トゥー・ウィークス・ノーティス』（2002年）、『ラブ・アクチュアリー』（2003年・34ページ）、『ブリジット・ジョーンズの日記 きれそうなわたしの12か月』（2004年）、『ラブソングができるまで』（2007年）、『噂のモーガン夫妻』（2009年）、『Re:LIFE リライフ』（2014年）、『レッド・ノーズ・デイ・アクチュアリー』（2017年・日本語版なし）など、ラブコメファンなら思わずため息が出そうな磐石《ばんじゃく》のラインナップ。この並びからは本書でもたびたび「ラブコメ界の巨匠」として讃えられている監督・脚本家、リチャード・カーティスとの強い信頼関係もうかがえるでしょう。

そんなヒューですが、ラブコメ俳優としてのイメージが定着していることには複雑な思いがあるようです。これは、2019年に『The Hollywood Reporter』誌の取材を受けてのコメント。「ラブコメ映画のオファーばかりで劣等感を覚えたこと？　うん、あるよ。でも今はそうでもない。僕はもうラブコメを演じるには歳をとりすぎたし、かっこよくもないからね。他のジャンルの映画に出演するようになってからは自己嫌悪もだいぶおさまってきたよ」

もっとも、ヒューはラブコメ映画に出演すること自体には肯定的なスタンスをとっています。「僕たちの仕事は人を楽しませることだって信じている。おかしな宗教のような経験を実践することではないんだ。照明や編集スタッフ、カメラの台車を押す仕事と同じように俳優だって一種の職人だと思っているよ」――この発言からは、娯楽映画の演じ手としてのヒューの矜持《きょうじ》、ひいてはラブコメ映画に寄せる彼の愛着のようなものも垣間見ることができるはず。そもそもヒューが当時の恋人エリザベス・ハーレイと共同で立ち上げた映画プロダクション「シミアン・フィルムズ」では自らの主演で『恋するための3つのルール』を撮っているわけですから、根本的にラブコメディへの思い入れは強い人なのでしょう。

最後に、ラブコメ好きにはたまらない逸話をひとつ。ヒューが『フォー・ウェディング』でブレイクした直後の1995年、セックスワーカーと公の場で猥褻行為に及んで逮捕されるという大スキャンダルを巻き起こしたことを覚えている方は少なくないと思います。このとき、彼は人気トーク番組『The Tonight Show with Jay Leno』に出演して事件について釈明。「会ったこともない有名映画スターから身体的な障害を抱える人まで、本当に多くの人から手紙をもらって勇気づけられた」と話していますが、この「会ったこともない有名映画スター」がなんとドリュー・バリモアであったことが2021年5月放送の『The Drew Barrymore Show』で明かされています。ふたりの共演が実現した『ラブソングができるまで』の受け止め方が大きく変わってきそうな、キングとクイーンのなんとも素敵な馴れ初めエピソードです。

9章

いろいろあった大人の女は恋をするにも一苦労

『理想の彼氏』

「枠」からはみ出して、自分の人生を手に入れる

story

『理想の彼氏』（アメリカ・2009年）

40歳の専業主婦サンディは、夫が長年にわたって浮気をしていたことを知り離婚を決意。ふたりの子どもを連れてニューヨークに移住し、自身の夢を再び追うことに。人生の再スタートを切った彼女は、カフェで働く24歳の青年アラムに遭遇。ひょんなことからアラムにベビーシッターを頼んだサンディは徐々に彼を意識し始めるのだが……。

出演：キャサリン・ゼタ＝ジョーンズ、ジャスティン・バーサ、アート・ガーファンクル
監督：バート・フレインドリッチ
脚本：バート・フレインドリッチ

スー　サンディ（キャサリン・ゼタ＝ジョーンズ）は、郊外に住む裕福な家庭の妻。専業主婦で、子どもが一番大切。スタイリングも完璧で、徹底してカジュアルながら清楚で上品。幸せの象徴みたいな生活をしてる。だけど、実は夫がモラハラ体質でサンディは反論ができない。そういう女がどうやって「枠」からはみ出して自分の人生を手に入れるかという話。入り口のキャラクター設定がややステレオタイプ的なのは否めないけど、良いスタート。

高橋　そんなサンディのセリフに「郊外族の妻なんて檻の中のハムスター」というパンチラインがあったけど、彼女はサンフランシスコ生まれでスタンフォード大学卒という裏設定があるんだよね。

スー　幸せそうに見えていながら、本来の自分をまったく発揮できていないってことよね。離婚してからの彼女の方が元気溌剌《はつらつ》。素の自分に近いということがわかりやすく描かれていたね。アバンタイトル（プロローグ）のシーンで、サンディが子どもたちの手にアルコールジェルを塗りまくるじゃん？　彼女が清潔好きであるということと、彼女の人生において家族（子ども）の健康が何より大切ということが瞬時に伝わってくる秀逸な場面。でも、ひとりになったときに聴く曲はメレディス・ブルックスの「Bitch」。なにかしら抑え込んでいるものがあるという表現ね。

高橋　サンディは車中で「Bitch」を大音量で流しながら「私は両極端、アバズレでかわいい。子どもで母親、罪深い女で聖女にもなる。男を地獄に突き落とし、天国にも連れていく。中間の女、それが男をメロメロにする私の魅力」と歌っているんだけど、現実の彼女は夫に対して不満を抱えながらも彼を前にすると途端に声が出なくなってしまう。

「いい男」と「都合のいい男」は同義？

スー　そして、現れたのが16歳も年下の青年アラム（ジャスティン・バーサ）よ。彼も

高橋　またステレオタイプ的なキャラクターではある。失恋したばかりで野心が乏しい恋愛経験の少ない若者。こういう人はいま少なくないのかもしれないけどね。グリーンカード目当ての結婚だったフランス人の妻アリスに特に怨恨《えんこん》を抱くこともなく、むしろ彼女が国外追放になるのは耐えられないからといって離婚に踏み切ることができないバカがつくほどのお人好し。きっとアラムはそこをまんまと付け込まれたんだろうけど、そんな彼の性格は悪友マーヴェリックに対する柔和な態度にも表れてるよね。マーヴェリックはサンディに会うなりＭＩＬＦ（性的魅力のある年上女性）呼ばわりする失礼極まりない奴なんだけど。

スー　残念ながら、ああいう若い男性の方が現実味があるわ。そのマーヴェリックと対照的に、全編一貫してサンディを「中年」でも「女」でもなく「人」として尊重するのがアラム。あの態度はたじろぐよ、むしろ。サンディもサンディで、最初はアラムの前で堂々と着替えたりしてさ。若いからって男性扱いしてなかった。それが徐々に……。とは言え、あんないい男はなかなかいないわな。「いい男」っていうのは、「都合のいい男」って意味も含めてね。

高橋　まさに〝理想の彼氏〟なんだよね。アラムがサンディをひとりの人間として尊重していることがよくわかるボクシング観戦シーンのセリフは素晴らしかった。「人生で大切なのは人間関係。君と君の子どもは僕にとって大切な人たちだ。日々の

スー　僕の暮らしを豊かにしてくれる」って。どうよ、こんなこと言われたら！　ラブコメ映画界の出木杉《できすぎ》君だよ！　アラムが自分を見失うシーンがひとつもないのよね。アワアワしているのはいつもサンディ。でも、アラムはサンディが見た夢だとも思うのよ。幻覚！　あんな男はなかなかいないわ。

高橋　出た、概念としてのアラム（笑）。そんな〝理想の彼氏〟アラムが意外な一面を見せるのが、サンディがこれまで溜め込んできたフラストレーションを元夫に吐き出すシーン。ニューヨークの新居に子どもたちを送りにきた元夫とサンディが口論になるんだけど、たまたま居合わせたアラムがサンディの背中を押すことによって彼女はずっと言い出せなかった積年の怒りをぶちまける。

年齢差から生じる価値観の違い

高橋　そして、アラムがサンディの友人たちとの会食に同席するシーン。大人たちの意地の悪い挑発に対するアラムの冷静な反撃が実にスマートだった。

スー　ね！　アラムが自分の親にサンディ家族を紹介したときもそうだけど、必ずその場にひとりは理解者がいるのが素敵だと思った。母親は反対してるけど、父親は静観とか、大人の集いでも「（年齢は気にせず）心の赴くままに」と言ってくれる人がいたり。何より、ふたりとも簡単にめげないのもよかった。

高橋　サンディがアラムに誕生日プレゼントとして渡した写真だったり、アラムがサンディの子どもたちを寝かせつけるときの彼らへの向き合い方だったり。このへんになるとふたりのあいだに単なる恋愛感情を超えた信頼関係みたいなものが築かれつつあることがほのめかされるんだけど、残り時間がもう30分をきっていたから一体このあとどうなるんだろうと思ったらあの騒動……。あの局面でのサンディとアラムのやりとり、スーさんにはどう映った？　「年齢なんて関係ない」と主張するアラムに対して、サンディは「中年女には関係ある」と返していたでしょ。『ハリー・ポッター』を読んでいたアラムが「僕の読む本は幼稚すぎる？」と気に掛けたり、サンディが「旅に出て世界を見てみたいと思わない？　それが若者の特権だから」と疑問を投げかけたり、年齢差を意識することによってふたりのあいだに緊張感が生まれるシーンはそれまでにもちょいちょい出てくるんだけど。

スー　サンディの気持ちはわかるよ。アラムの明るい未来を奪うんじゃないか？という不安やうしろめたさがね。でも、あのふたりはあのまま結ばれなくてよかったと思うよ。アラムが一度、ちゃんと社会に出たことには大きな意味があるし、サンディも別れを経たからこそ仕事をがんばれた。だから、結末にはとても満足。

高橋 2021年の基準に合わせると、すべてのキャラクター描写がややステレオタイプなんだけど、今の日本だとこれくらいがちょうどいいのかも。理想の多様性には程遠いけど、体感としてはこれぐらいなら受け入れられやすいというか。ポリコレ的にはちょっとモザイクな部分もあるけど、非常に興味深い。

日本は10年遅れぐらいがちょうどいいのでは、という話は以前にもしたことがあったよね。確かに序盤に出てくるアラムの相撲レスラーの肉じゅばんとか、ああいうのが微妙なノイズになるけど。

スー あのシーンはそうね。相撲レスラーということも、無抵抗の男性が〝男〟というだけで一方的にボコボコにされるという演出も今ならアウト。一方で、サンディが腹の底から感じる怒りは、2020年代を生きる女性にとって大いに共感するもの。つまり、目指す正しさと現実にかなりの距離がある状態。とは言え、価値観を更新し続けている人ほど、ああいう乱暴な演出を見て「スカッとした」とは言えないよね。一方で、怒りの感情は現実として存在する。社会が変わらないからこそ生まれる負の感情を、どこで解消したらいいのかと頭を抱えてしまったわ。

あなたにとってはダメ男でも、私にとってはどうかしら？

story

『おとなの恋には嘘がある』（アメリカ・2013年）

離婚後も充実した日々を送るボディセラピストのエヴァは、娘の独り立ちの日が迫るにつれて寂しさを覚えていた。そんなとき、彼女はパーティーで似た境遇のアルバートと出会いお互い惹かれ合う。さらにエヴァはそのパーティーで知り合った詩人のマリアンヌとも意気投合。だが、アルバートとマリアンヌが元夫婦だったことを知ると……。

出演：ジュリア・ルイス＝ドレイファス、
ジェームズ・ガンドルフィーニ、
キャサリン・キーナー
監督：ニコール・ホロフセナー
脚本：ニコール・ホロフセナー

スー 人生わかった気になってる中年にこそオススメ。「自分にとっては最低でも、ほかの人にとって最高な人は存在する」とか「同じ相手でも、時間の経過や環境の変化で相性は変わる」ってことを教えてくれる作品だね。

高橋 エヴァ（ジュリア・ルイス＝ドレイファス）の顧客のハルの存在はそのわかりやすい例だよね。エヴァはまったく気が利かない彼に大きな溝を感じていたんだけど、対応次第ではぜんぜん良い関係が築けそうなことをさらっと示唆している。

スー うん、彼は言わなきゃわからない人ってだけだったしね。他者の批判よりも当事者同士のコミュニケーションが大切ってことかな。大人のテーマだな。

高橋 コミュニケーションということでは、エヴァの友人のサラ（トニ・コレット）と彼女が雇ってる家政婦キャシーのやりとりも興味深かった。さっきのハルのケースと同じように、ちゃんと向き合えば案外簡単に解決することも世の中にはたくさんあるんだよね。

スー たしかに。でも、現実社会だと妥協にも限度はあるよなー。知り合ったばかりの時にアレ？って思ったことが、縁を切る時の引き金になることも少なからずある。

高橋 それでいくとマリアンヌ（キャサリン・キーナー）とアルバート（ジェームズ・ガンドルフィーニ）が出会って間もないころのエピソードが印象的だった。マリアンヌはナイトテーブルを持っていなかったアルバートに対して、当初は違和感を覚えながらも「自由奔放で素敵」と思っていたんだけど、離婚した今となっては「ナイトテーブルを持っていないのは人生を築けないことのメタファー」なんて言い出す始末（苦笑）。

スー あれはひどい。机ひとつで人生を測るなんて、タチの悪い占いみたいだったね。マリアンヌは気難しい人だったな。そもそも、アルバートとマリアンヌは合わなくて当然なのよ。だってアルバートと気が合うエヴァがマリアンヌと正反対のキャラクターなんだから。正反対だからこそエヴァはマリアンヌに憧れるんだけどね。彼女に影響を受けて家に入るときは靴を脱ぐようにしたり。身に覚えがあるわ。素敵な人の生活様式って、付け焼き刃で真似したくなるもの。そういうところがエヴァの庶民的な隙というか人間らしさで、私は親近感を持ったな。

人はそう簡単には変われない

高橋　そんなエヴァもアルバートがマリアンヌの元夫のダメ男だとわかった途端に彼への態度を急変させることになる。めちゃくちゃいい感じで関係を深めていた過程だったのにね。マリアンヌのアルバートに対する批判をエヴァがそのまま彼への当てこすりに使っていたのはちょっと見ていてきつかったな。

スー　うん、そんなエヴァに戸惑うアルバートの姿は見ていられなかった。エヴァは自分の友だちの前で、アルバートをちょっとバカにしてしまうんだよね。で、帰りの車中でアルバートが放つセリフが「できないことが、そんなに問題なのか？」って。エヴァはジョークのつもりでも、アルバートってとても繊細な人でしょ。アレは傷つくよね。我が身を振り返りました……。ああいうこと、過去に絶対にやっている。

高橋　同じく。しかも、きっとこれからも調子に乗ってやってしまうことがあるんだろうな（苦笑）。いや、この映画は本当に学びが多いんだよ。

スー　そんなふたりでも、お互い好意を持っているとわかったとき、エヴァとアルバートは歩み寄ろうとしたんだよね。芝生を抜くシーンとか、ペディキュアのシーンとかがそう。いじらしくて良かった。ああいうのに、年齢って関係ないんだって思って。相手に好かれたい気持ちが強いフェイズってあるよね。

高橋 エヴァとアルバートが歯を見せ合うシーンもいいよね。あれはお互いのこれまでの人生をさらすことのメタファーになっていると思うんだけど、アルバートがなかなかエヴァに歯を見せようとしないのがおもしろい。彼はこれまでの人生で自分がなにをサボってきてなにがダメだったのかを重々承知していて、それが歯の治療に反映されているということだよね。アルバートは自分でダメだとわかっていても治すつもりはないし、エヴァにそれを指摘されるのも予想できるから面倒くさくて歯を見せたがらない。

スー そう、自分も含めて人ってなかなか変われないもんね。思ったんだけど、大人の恋になると〝相手が自分に何をしてくれた〟じゃなくて、〝ふたりでいるときの会話がどれだけ楽しいか〟が決め手になるんだなって。生活するとなると、話は変わってくるんだろうけど。

長く一緒にいるために大切なこととは

スー　アルバートっていい人だから魅力的だけど、長く一緒に暮らすのには大変なんだろうなとも思った。「この人に自分のことを理解してほしい」と思わせるなにかがあるタイプなんだけど、わかってくれないという。元妻であるマリアンヌも「結局、アルバートは私のことは理解してくれなかった」って言ってたしね。

高橋　マリアンヌはアルバートとエヴァが交際していることが判明したときも、めちゃくちゃ落ち込んでいたもんね。自分が三下り半を突きつけた相手に信頼の置ける友人が可能性を見出しているのは確かに複雑なものがあるかもな。

スー　マリアンヌの気持ちもわからなくもないの。いろいろ思い出したんじゃないかな。アルバートってけっこう曲者よ。傷つきやすいけど、人の傷には鈍感そう。結婚生活でマリアンヌはアルバートにめちゃくちゃ傷つけられたんだと思う。でも、アルバートはいまだそれに気づいていない。執着が残るよね。別れた夫の悪口ばかり言ってるってことは……マリアンヌは実はアルバートに依存してるのよ。いつまでも自分が被害者だとしか思えないアルバートにね。

高橋　マリアンヌがアルバートに依存かー、その視点は目から鱗だわ。そういえばアルバートは、エヴァとマリアンヌが友だちだったことがわかったときに「俺たちの関係を守ることは考えられなかったのか？」って自分が傷ついていることをやたらと強調していたよね。

スー

うん、アレはすごく問題だと思った。アルバートは無自覚だと思うけど、人に罪悪感を持たせるのがうまいタイプ。罪悪感で他者をコントロールするタイプだよ。アルバートはアルバート自身で解決しなきゃいけない、個人的な問題が根深そう。エヴァと一緒にいることで、アルバートが自分の加害性に気づけるようになるといいけど……。

ひとりでいいと思っていても、ふと誰かを愛したくなる

story

『おとなの恋は、まわり道』（アメリカ・2018年）

リゾートウェディングに出席することになった偏屈男フランクと毒舌女リンジー。式場のあるリゾート地へ向かう空港で偶然出会ったふたりはいきなり対立。飛行機の席からディナーのテーブル、ホテルの部屋まで、すべて隣同士になったことから口を開くたびに激しいバトルを繰り広げるが、口論を重ねるうちに互いの共通点に気づき始め……。

出演：キアヌ・リーブス、
ウィノナ・ライダー、
DJ・ダレンバック
監督：ヴィクター・レヴィン
脚本：ヴィクター・レヴィン

スー

ラブコメ映画の基本中の基本、〝のちに結ばれるふたりほど、最悪の出会い方をする〟っていう始まり方なんだけど、それをやってるのが中年同士なのが味わい深い。しかも、あのキアヌ・リーブスとウィノナ・ライダー。キラキラした時代のふたりを知ってる身としては、「おぬしもワシも年を取ったよのう……」とひとりごちたくなったわ。おまけに、ふたりとも神経質でウザい役どころなのよね。主人公がアラサーだったら王道のラブコメ映画なの。でも、出てくるのが中年だとそうはいかない。ウザみが致命的なのよ！　だけど、そんなふたりをなぜか嫌いになれないのが不思議。臆病で理屈っぽいところは、自分もそうだなと思ったり。今までいろいろなことがあって、こういう性格になったのだろうなと。

高橋　映画が始まってわりとすぐに気づくことになると思うんだけど、実はこの映画、主演のキアヌとウィノナのふたりにしかセリフがない会話劇。でもだからといって『ビフォア・サンライズ』(1995年)みたいなロマンティックなお話ではまったくない(笑)。言ってみれば『ビフォア・サンライズ』の悪夢バージョン、『ビルとテッドの地獄旅行』(1991年)ならぬ『キアヌとウィノナの地獄旅行』といった感じなんだけど、それでも一級のラブコメディとして成立している奇跡のような作品。

スー　上手いこと言う！　とは言えヨシくんも私もこの映画を2回観たら、2度目の方が断然グッときた。1回目はウィノナ演じるリンジーとキアヌ演じるフランクが、自分たちと同じ冴えない中年であることにノックアウトされて終わったところが若干ある。でも、もう一度観てみたら、「素敵なことがひとつも起こらない、びっくりするくらい素敵なお話」だった。

高橋　ウィノナもキアヌも全然イケてないのにね。たとえば『オータム・イン・ニューヨーク』(2000年)のウィノナ、『スウィート・ノベンバー』(2001年)のキアヌを期待して臨むと盛大にずっこけることになる。

スー　ずっこけまくるね。この作品のふたりはめちゃめちゃ不安定かつ、めんどくさいもの。でも、彼らは昔からこういう役柄もやってきたんだよ。『リアリティ・バイツ』（1993年）のウィノナだって、よく考えたらかなりウザい。ではなにが違うかと言うと、あの頃はウザさやエグみが〝若さ〟でシュガーコーティングされていたのよ。この映画はシュガーコーティング無しだから、最初はうわー！って思うんだけど、後半からどんどん彼らが愛しくなっていく。だんだん自分自身の存在をも肯定できるようになって、自分でもびっくりした。30代後半以降の人はそう思う人が多いんじゃないかな。

高橋　全編をふたりの会話劇で通したのは、仕事も恋愛もうまくいかないフランクとリンジーの社会に対する距離感のメタファーになっているんだろうね。

人は、明日に希望を見出すことをやめられない

スー　そんなふたりが初めて愛を交わす場面は最高。声出して笑ってしまった。この作品は、人間の愛すべき愚かさや滑稽さっていうのを執拗に見せてくるんですよ。それがあの場面に一番表れている。あと、山猫のシーンもよかった！

高橋　山猫のシーンはこの映画で起こる唯一の「ドラマ」と言ってもいいかもしれない（笑）。

スー　山猫事件が後々の起爆剤にもなっているし。このあたりから、どんどんふたりが

愛おしくなってきて。ふたりとも、誰かを愛したくて仕方がなかったんだと思う。「誰かに愛してほしい」じゃなくて、自分の愛を誰かに注ぎたかった。でも、それが無駄になる経験は何度もしているから、愛情の栓をギュッと閉めていたんだけど、そこが開いた時の反動たるや……。

高橋 リンジーに関しては、途中からずっと「私たちふたりのあいだにはひょっとしたらなにかあるのかもしれない」と信じようとしているんだよね。彼女はまだギリギリ恋愛に飛び込もうとする勇気と覚悟を持ってるんだけど、フランクはもうあきらめてしまってる。

スー 同世代の男性はフランクの気持ちが手に取るようにわかるのではないかな。リンジーの「なぜ人は生きるのかしら」っていう壮大な、それこそフランクが一番嫌いなタイプのセリフがあったけど、その答えは映画の最後にちゃんと提案されています。人がなぜ生きるのかというと、明日に希望を見出すことをやめられないからなんだと思った。フランクは、カラカラの砂漠に僅かながら残っていた「愛する」ことに対する希望を捨てられなかったんだろうな。

高橋 最後の最後、リンジーがフランクにしれっと活路を残すのがいいよね。あれはすごくラブコメ的なカタルシスがあったな。

恋愛運の悪い男女に優しい作品

高橋　それにしても、こんなにめんどくさいラブコメはちょっと観たことがない。これはいろいろな意味で「ラスト・ラブコメ」といえるかも。恋愛に関してまだ微かにでも希望を見出している人、もうあきらめモードに入っている人も一見の価値があると思う。恋愛運の悪い男女に優しい作品だよ。人によっては手放すことのできない「お守り」みたいな映画になるんじゃないかな？

スー　本当にそう思う。自分のめんどくささを自覚している人は特に。ふたりの鼻につくところほど、じつは自分が見ないようにしている自分自身だという気がする。くどかったり、あきらめが悪かったり。そういうところも全部含めてね。

高橋　このくらいの年齢のカップルを対象にしたこじらせ系のラブストーリーはこれまでにも結構あったと思うけど、ここまで徹底的にやったケースは意外とないかもしれない。

スー　会話劇だし、このふたりだしね。インディーズっぽく無名の俳優さんを使ってやることもできるけど、それだとよくある普通の話になっちゃう。このふたりがやっているから本当に意味があるんだって思った。

高橋　今回のふたりの共演はウィノナがキアヌを誘ったことで実現したみたいなんだけど、そのあたりウィノナも十分わきまえてるんだろうね。実際、キアヌやウィノナと一緒に成長してきたアラフォー、アラフィフの男女なら確実に刺さるものがあるはず。ある意味、青春時代に『リアリティ・バイツ』(1994年)や『ビルとテッドの大冒険』(1989年)を観てきた人たちのための映画だと思う。

スー　私たちと同世代やちょっと上の人たちは、やっぱりどこかで自分はまだ若いと思ってるところがある。でも、キアヌやウィノナでさえ中年になった。ふたりが演じる役柄のおっさん&おばさん臭さは自分たちにも思い当たる節があって、己の加齢をしめやかに諭される感じでしたよ。ヨシくんが言ったお守りじゃないけど、見る人によっては一生の宝物になる映画だと思う。

10章

確実にロマンスに浸かりたい、そんなときこそザ・スタンダード

『ブリジット・ジョーンズの日記』

孤独を抱えていても、いつか手放せる日が訪れる

『あなたが寝てる間に…』（アメリカ・1995年）

story

鉄道の改札で働くルーシーは、両親を亡くしてから孤独な生活を送っている。駅で毎日見掛けるピーターに恋心を寄せているが、彼との接点はない。ある日、駅のホームから線路に落ちたピーターを助けることに。それがきっかけで彼の家族から婚約者と勘違いされてしまった。彼女は彼の家族を前にして真実を打ち明けられずにいるが……。

出演：サンドラ・ブロック、ビル・プルマン、ピーター・ギャラガー
監督：ジョン・タートルトーブ
脚本：ダニエル・G・サリバンほか

高橋　ひさしぶりに観たんだけど本当に素晴らしい映画。スタンダードなラブコメディの良さが凝縮されているね。しかも、クリスマスムービーとしてもめちゃくちゃ完成度が高いときてる。

スー　1995年公開だからね。まったく色褪せてないから感激したわ。

高橋　いまのラブコメの基準からするとかなり地味に映ると思うけど、物語としては本当によくできてる。軽い気持ちで観られるのがラブコメ映画の良さであることはこれまで話してきた通りなんだけど、この映画に関しては冒頭からじっくり観てほしいかな。たとえばオープニングで亡くなった父親との思い出を回想しているルーシー（サンドラ・ブロック）のモノローグなんかは物語が進んでいくにつれ

て大きな意味を成してくることになるから。

スー　そうそう、最初と最後のモノローグがすごく秀逸なの。前菜からデザートまでがすごくきれいにつながってる。うっとりするわー。

高橋　そのモノローグも関連してくるんだけど、とくに序盤はルーシーの孤独の深さがものすごく丁寧に描かれているんだよね。家族がいない彼女は、みんなが休暇をとるクリスマスにも半ば強引に仕事に駆り出される。

スー　アメリカのクリスマスって日本のお正月みたいなものだから、実家に戻って家族で集まるのが一般的なんだよね。それなのに、上司から「家族がいないのは君だけだろ？」ってクリスマス勤務を押し付けられる。あれはひどかった。

優しい心で接すれば、他人の心を変えられる!?

高橋　あとこれは有名なシーンだけど、ルーシーが昏睡状態のピーター（ピーター・ギャラガー）に「意識不明の人と話すほど孤独な経験をしたことがある？」って語りかけるシーンの切なさったらない。このシーンを契機にして物語への没入度がぐっと変わってきちゃうよね。ルーシーがどんな気持ちで毎日切符売り場からピーターを眺めていたのか、そして罪悪感に苛まれながらもピーターの家族との交流がどれだけ彼女の救いになっていたか……もうなんでもいいからルーシーの幸せを願わずにはいられなくなる。

スー　記憶に残る場面がいっぱいある作品だよね。私はピーターの弟のジャック（ビル・プルマン）がルーシーを家に送っていくシーンが好き。ルーシーの家の玄関前に氷が張っていて、ツルツル滑っちゃってまともに歩けないの。で、それを口実にしてふたりがイチャイチャしてる。お互い好意を持っているのに、口に出せないもどかしさが氷上で上手に表現されていると思った。思わずふたりに感情移入してしまうわ。

高橋　あのシーンは洒落てるよねー。クラシックなハリウッド映画のラブロマンスみたい。

スー　自分の名前さえ知らない男と「婚約している」なんて嘘をついてしまった上に、弟のほうと心が通じ合ってしまう……展開が急でついてこられない人がいてもおかしくない流れなんだけど、あんな素敵な場面を見せられるとすんなり呑み込めちゃうから不思議。最初はルーシーのことを疑っていたジャックが彼女との距離を一気に縮めるために足元の氷を利用するなんて、制作陣が憎い！

高橋　「お前らいつまでやってんだよ！」ってぐらいにイチャついてるんだけど、これものちのちの展開を考えると時間をかけてやっておく必要があるんだよね。ラブコメの匠の技！

スー そう、ベタな描写を丁寧に繰り返すことこそ、ラブコメ映画の真骨頂。ルーシーが本当に優しい女性なんだってことが如実にわかるシーンがところどころにちりばめられているのもいい。彼女は嘘をつき続けてるわけで、観てる側からしたら彼女に不信感を抱くのが当然。そんな不利な状態に置かれているわけだけど、あまりにも優しい子だから嫌いになれないんだよね。昏睡状態のピーターの荷物から彼が猫を飼ってることを察して、マンションに餌をあげに行ったりとか、アパートの管理人さんにクリスマスプレゼントを用意していたりとか。そういう細かいシーンもすごく好きだな。

高橋 そういう積み重ねがあるから、純粋にルーシーを応援したくなってくる。繰り返しになるけど、やっぱり前半の丁寧な人物描写が活きてるんだよね。登場人物のそのときどきの心情を見る側がおのずと補完できるというか。

シングルにとってホリデーシーズンは辛いけど……

スー この作品のキーワードって「許し」なんだろうな。ルーシーの嘘を許す人、本心では家業を継ぎたくないと思っているジャックを許す人。許す人、許される人がたくさん出てくる。登場人物の誰もが、お互いを正論では詰めない。お互いを許し合うことがこの物語の大切なテーマになってると思う。

高橋 そうだね。あと、孤独を感じている人にかすかな光を見せてくれるような映画だとも思っていて。最初に言った通り、この映画って舞台がクリスマスなんだよ。クリスマスから年始にかけてのホリデーシーズンは幸せな人たちと孤独な人たちとのコントラストの濃淡が特に強くなる時期だから、そういう舞台設定でルーシーみたいな境遇の人物に寄り添った物語を描いたのはすごく意義のあることなんじゃないかな。もちろん現実世界ではこんなにうまくいくことはないんだけど、こういう映画を観ると多少なりとも救われるところはあると思う。うん、孤独を感じてる人に観てほしい映画だね。

スー 人の優しさに触れるというか、孤独が癒される場面がいくつもあるよね。ルーシーとジャックがヤドリギの下でキスするシーン、ジャックがルーシーに彼女が行きたいと思ってる国のスノードームをプレゼントするシーン。ひとつひとつの描写がすごく丁寧。でも、通底しているのは家族の愛。ラブコメ映画でありクリスマス映画であり、家族愛の映画でもあるところも魅力だな。

高橋 あー、ルーシーの境遇を考えると彼女がいつでも外国に行けるようにパスポートを肌身離さず持ち歩いてる設定も切ないものがあるよね。そういえば劇中のキスシーンってそのヤドリギのシーンだけじゃなかった？　そのへんも50〜60年代のハリウッドのラブロマンスっぽい。品がいいんだよね。

スー　ジョン・タートルトーブ監督、ほかにどんな映画撮ってるんだろうと思って調べてみたら『クール・ランニング』（1993年）だって（笑）。

高橋　フフフフフ、やっぱりラブコメ向きな「性善説信じる派」の監督なんだよ。

自立した女が素直になれたのは見知らぬ人とのメールだけ

『ユー・ガット・メール』（アメリカ・1998年）

story

小さな書店を経営するキャスリーンは、〝NY152〟と名乗る男性とのメールに夢中。ある日、近くに大型書店がオープンし、どんどん売り上げが落ちていく……が、実はこの大型店の経営者ジョーこそが〝NY152〟の彼だった。互いに心惹かれるメール相手だと知らず、商売敵として実生活では険悪。ふたりの関係はどうなる!?

出演：メグ・ライアン、トム・ハンクス、グレッグ・キニア
監督：ノーラ・エフロン
脚本：ノーラ・エフロンほか

スー リチャード・カーティスと並ぶ「名作ラブコメ映画の作り手」として名高い、ノーラ・エフロンの脚本・監督作品。コメディにしろシリアスにしろ、ラブストーリーは「すれ違い」が盛り上がりのキモだけど、この作品は捻《ひね》りの利いたすれ違い描写が随所に光ってる。ふたりの設定を思いついた瞬間、制作陣は「優勝！」と思ったはず。1998年の作品だから「見ず知らずの相手とメールのやり取り」ってのが、時代を感じさせるね。

高橋 1995年にWindows95の登場で一気にパソコンが普及したことを考えると、この映画の公開当時は電子メールでのやり取りがようやく広く定着し始めたころなのかな？　そんなわけで劇中のインターネットやメールの描写には当然隔世《かくせい》の

感があるんだけど、映画としては意外にもほとんど古さを感じなくて。

スー　おっしゃる通り。と同時に、AOL特有の「ユー・ガット・メール」ってお知らせ音とか、ダイヤルアップのジーコロコロが繋がるまでのドキドキとか、ノスタルジックなディテールもたくさんあったね。

高橋　この映画、実はロマンティックコメディ『桃色の店』(1940年)のリメイクなんだよね。要は『桃色の店』の「手紙で文通」の設定を「ネットでメール」にアップデートしてる。すでにこの時点で60年前の映画のリメイクに乗り出しているわけだから、まったく古びていないのはもともと普遍性の高い題材だったということなんだろうな。メグ・ライアンとトム・ハンクスとの共演ということで『めぐり逢えたら』(1993年)と比較される機会も多いけど、ラブコメとしてはこちらのほうが断然正統派の作りになってる。

スー　『めぐり逢えたら』でも思ったけど、ノーラ・エフロンはトム・ハンクスを、ちょっと情けなくかつ魅力的な人物として描くのが上手いよね。キャスリーン(メグ・ライアン)に傷つけられて喫茶店から出て行くときの顔なんて、胸がえぐられるわよ。「トム・ハンクスってこんなにかわいかった?」って思っちゃった。メグ・ライアンはチャーミング極まりない。主演のふたりが演じる役は、少女漫画っぽくもある。話の流れもそう。好意、反発、すれ違い、誤解、落ち込み、和解。ラブコメ映画のお手本だね。

高橋　なるほど、この映画のじれったさは昔ながらの少女漫画のそれに近いのかもしれない。

スー　話自体は、時代を選ばない王道モノなんだよね。そんな中、私が注目したいのは、隔世の感ありなディテールから読み解く時代の変化。ふたりが知り合ったのはネットのチャットルームってのもだけど、大きなチェーン系書店が街の小売店の脅威になっているって設定もそう。今じゃ、街の小売店を廃業に追い込んだ大きな書店がバタバタ閉店してるもの。
改めて観なおしたからこそ気付けたけど、この映画って、いみじくもアマゾンが浸透する前、つまり〝ビフォア・ベソス〟の時代を描いているのよね。この頃って、アマゾンはまだ実店舗の脅威ではなかった。欲しいものがあったら、店に足を運ぶのが当たり前だった世界。ほかにも、「ここでバイトが出来なくなったら、ブルックリンに引っ越さなきゃ！」っていうセリフがあったじゃない？　今じゃブルックリンの不動産は高騰しっぱなしって聞くし。

出会ったあとに、すれ違う

スー 矛盾した言い方だけど、描かれているマンハッタンは、〝ビフォア・ベソス〟の「新しいアメリカ」の姿。「私の店なんて、明日にはBaby GAPになってるわ！」ってキャスリーンが嘆く場面があったけど、チェーン店に壊されていく、個人商店に彩られた古い街並みへのノスタルジーがある。ギグエコノミー（ネットを通じて単発の仕事を受注する働き方）もＳＮＳもない、のんびりとした時代。まだ本当の「脅威」を知らなかった頃の微笑ましい話に見えてしまう。複雑な人間関係もなくて、おとぎ話かってくらい善悪がはっきりしてるし。

高橋 その構図のわかりやすさが正統派ラブコメのイメージを決定づけているんだろうね。

スー そうだね。緊急停止したエレベーターでジョー（トム・ハンクス）が自分の本当の気持ちに気づくなんて、完璧なラブコメ映画の展開。本筋とは関係ない小ネタがまた洒落てるのよ。「男はなぜかゴッドファーザーからの引用がすぐわかる」ってやつが私は好き。ベタと洒落のバランスが絶妙なの。ラストの公園のシーンも最高よね。どうなるかわかってるのに、思わず涙が出ちゃった（笑）。

高橋　同じく。あそこで簡単に泣かされてこそのラブコメ好きというものでしょう（笑）。好きなシーンとしては、ジョーが経営する大型書店を覗きに行ったキャスリーンが客の質問に答えられない店員に助け船を出すくだりとかね。あと、キャスリーンとジョーのメールはラブコメらしいウィットに富んでいて最高。特にジョーの返信は洞察力に長けていて素晴らしいね。

スー　この作品に特別身悶えるのは、「会えないすれ違い」を描いているからではなくて、ふたりを出会わせたあとにすれ違わせるから。「メールではラブラブ、現実では敵対」だとシンプルすぎるんだけど、お互い憎からず思っていたという初対面の名残りが、ずっとほのかに漂っているのがいい。

高橋　ふたりがキャスリーンの書店で初めて出会うくだりは映画前半の重要ポイント。スーさんの指摘通り、あのシーンで描かれるキャスリーンとジョーの心の機微がのちのストーリーの受け止め方に微妙な影響を及ぼしていくことになる。

スー　洒落た会話、変わる街並み、インディペンデントな女性の恋。これぞ「私たちの考える90年代のマンハッタン！」って感じ（笑）。

恋人とのさっぱりとした別れっぷり

高橋 また音楽も気が効いてるんだよな。まずエンドロールで流れるキャロル・キング書き下ろしの「Anyone at All」。タイトルにもなっているサビの一節「You could have been anyone at all」（あなたは他の誰かだったかもしれない）からうかがえると思うんだけど、この歌詞がキャスリーンの心情を見事に代弁するクロージングテーマのお手本のような内容になってる。

スー あとクランベリーズの「Dreams」ね。キューンとしすぎて胃酸過多になったわ。

高橋 冒頭の「The Puppy Song」からクライマックスの「Over the Rainbow」まで、ハリー・ニルソンの楽曲をメインに据えた構成も渋い。たとえばファレリー兄弟の『ふたりの男とひとりの女』（2000年）の音楽は基本スティーリー・ダンのカバー曲で統一されていたけど、このように誰か単独のアーティストに絞ってその旧作をたくさん流していくケースは結構めずらしいかも。このニルソンにしろキャロル・キングにしろ、ニューヨーク生まれのシンガーソングライターをフィーチャーしているあたりにも選者のこだわりを感じるね。

スー 甘いだけの作品になってない理由は、そういうところにあるんだろうね。

高橋 うん。そういえば、キャスリーンと彼女の恋人フランク（グレッグ・ギニア）との異様にさっぱりした別れっぷりもすごくなかった？

スー あそこすごく好き！「(僕は君を)愛してはいない」「私も」って！(笑)。洒落てるよね。まさに概念としてのニューヨーカーの姿だよ。

女はいつだってどんな自分でも許容してくれる男を求めてる

story

『ブリジット・ジョーンズの日記』（イギリス／アメリカ／フランス・2001年）

出版社勤務の32歳独身のブリジットは新年にひとつの決意をする。それは「日記をつけ、タバコとお酒をひかえめにし、体重を減らして、恋人を見つける」こと。そんな彼女にプレイボーイで上司の編集長ダニエルが急接近！　そこに幼馴染の弁護士マークも絡んできて……。恋と仕事に奮闘するブリジットの願いは叶うのか？

出演：レネー・ゼルウィガー、ヒュー・グラント、コリン・ファース、ジム・ブロードベント
監督：シャロン・マグワイア
脚本：ヘレン・フィールディングほか

スー　婚活女性が観たら、いまだ涙を禁じ得ない傑作よ。嘘偽りのない等身大の独身女性を描いて、世界中で大ヒットした作品。それまでのラブコメ映画のヒロインはたいてい、地味でも清潔感にあふれていたし、欲望を口に出したりはしなかった。でも、ブリジットはそうじゃなかったから衝撃だったよ。レネー・ゼルウィガーの演技がリアルすぎて、アラサー女の悲哀に国境はないんだと嬉しくなったわ。ブリジットの情けなさも、欲深さも、一生懸命なところも、ぜんぶ「わかる！」ってなったもの。おへそが隠れるデカパンを穿くところも。なのに、ブリジットはモテモテなのよ。そこだけが現実味ないんだけどね。シリーズ3作品とも、こと異性関係に関しては「こんな都合のいいことは起こらない！」が共通点。

高橋　そんな画期的なヒロイン、ブリジット・ジョーンズのなんたるかを5分に凝縮し

たオープニングがとにかく圧巻。部屋でひとり寂しく赤ワインをすすりつつ、ラジオから流れてきたエリック・カルメン「All By Myself」（劇中で使われているのはジェイミー・オニールによるカバー）を涙ながらに熱唱するシーンはラブコメ史でも屈指の名場面でしょ。「私の生涯の伴侶はワインボトル。そしてデブ女の孤独な死。3週間後、犬に食われた死体が見つかる。でなきゃ『危険な情事』のグレン・クローズ」というモノローグもただただ強烈。ホント、こんなラブコメはそれまで観たことがなかったんだから。

スー　知り合いのアラフォー独身女性が久しぶりに観返して、冒頭5分で大泣きしたらしいよ。彼女も公開当時は20歳そこそこで『こういう風にはなりたくない』と他人事に捉えていたんだけど、20年経ったらブリジットに近い状況になっていて「現実を受け止めきれない」ってなったと（笑）。ブリジットのリアルな生活描写には共感を持てたけど、物語が進んでいくにつれて「現実はこんなことは起こらない！」と余計に悲しくなったって。ブリジットの年齢設定は32歳なんだけど、時代が少し変わったから今のアラフォーくらいの未婚女性にも刺さるんだろうな。で、「ブリジットと私はそっくりなのに、ブリジットはなんでこんなにモテるの……」となる。

高橋　なんにもしていないのに周りのいい男たちが勝手に惚れてくれるからね。ブリジット自体の描写はとことんリアルなのに、お話そのものはまったく現実味がない（笑）。

アラサーにとって愛情表現が苦手な男と付き合うのは難しい

スー　現実味もないし、あらすじに目新しさはないよね。近頃、映画を二倍速で観る人がいるって聞くけど、この作品だけはそれをやっちゃダメ。なぜなら、音楽がすごくいい役割を果たしているのと、感情を大きく揺さぶってくるのがストーリー展開ではなく、意外と〝間〟や表情なんだよね。

高橋　音楽は冒頭の「All By Myself」のインパクトが強いけど、全体的にはイギリス人好みなソウルミュージックが印象的。チャカ・カーンの「I'm Every Woman」だったり、アレサ・フランクリンの「Respect」だったり、フェミニスト賛歌を要所要所に挟み込んでいるのが心憎いね。クライマックスをマーヴィン・ゲイ&タミー・テレルのオリジナルバージョンよりもグッとドラマティックなダイアナ・ロス版の「Ain't No Mountain High Enough」で盛り上げているのもうまい。そんな音楽の使い方も含めて、人気ドラマシリーズ『アリー　ｍｙＬｏｖｅ』（１９９７年～２００２年）の影響を強く感じたな。街の電光掲示板に自分の日記が表示されたりする妄想演出なんかも実にアリー的。ブリジットのキャラクターもアリーにインスパイアされているところがあるんじゃないかな？

スー　わかる！　とにかく主人公がはちゃめちゃなミスを繰り返す愛らしい人というね。アリーはブリジットほどはモテないけど……。

高橋　さっきも言ったように、ブリジットは計3本作られたシリーズを通じて常にモテモテ。2作目の『きれそうなわたしの12か月』（2004年）まではプレイボーイで上司のダニエル（ヒュー・グラント）と幼馴染で堅物な弁護士のマーク（コリン・ファース）が、3作目の『ダメな私の最後のモテ期』（2016年）では引き続きのマークとリッチなIT社長のジャック（パトリック・デンプシー）が彼女をめぐって熾烈なバトルを繰り広げる。

スー　いい男ばっかりなんだよ。改めて観返して、アラサーくらいだとマークみたいな愛情表現の苦手な男を選ぶのは難しいだろうなと思った。だからプレイボーイとはわかっていても、ダニエルに惹かれてしまうのもわかるのよ。だって、ダニエルのほうがインスタントに気分良くしてくれるもの。懐かしいなと思ったのが、アラサーだと相手の仕事や知識量に圧倒されて卑屈になったりもするんだよね。ブリジットも最初の頃はマークに対してそうだったでしょう？

高橋　そのブリジットのモヤモヤは割と強調して描かれていたよね。そんな悩める彼女を取り巻く3人の悪友たちのベタベタしすぎない距離感が観ていてすごく心地よかった。やっぱりラブコメディは友人の存在が物語の重要なキーになってくるからね。ただびっくりしたのは、無鉄砲なイメージがあったその悪友たちも3作目では見事に全員結婚しているという。

スー　結婚に関する考え方は、クラシックといえばクラシックよね。3作続けて観ることができる今だからこそ、時を経たブリジットの変化と、変わらないところに共感したり反発したりが楽しい。3作目では40代になったブリジットが、40代ならではのダメさと強さを体現してくれてるし。とにかくブリジットは結婚がしたかったんだなってのも、ここまでくると納得できたわ。3作目のラストシーンで、とっても気になるところを秘密にしたまま終わったのは粋だなと思った。一方で、2作目はいまいちじゃなかった？　タイのシーンが異様に長いんだけど、まるで映画『セックス・アンド・ザ・シティ2』（2010年）みたい。とにかく「海外の風光明媚なところへ」がテーマで、お話の内容は……。

高橋　これはラブコメに限った話ではないのかもしれないけど、やっぱり「2」は鬼門なんだよ。あの『キューティ・ブロンド』（2001年）だって続編の『キューティ・ブロンド　ハッピーMAX』（2003年）はさんざんだったから。

自由に生きたいけれど、旧来型の幸せにハマらないと不安になる

スー　3作連続で観てみて、『ブリジット・ジョーンズの日記』とは「なんやかんや言っても愛し愛されることを最優先したい不器用な女たちを肯定し、その欲求をきっちり満たしてくれる娯楽」だと思った。

高橋　もうずっと「ありのままの君が好きだ」って言われ続けるわけだからね。しかも普通だったら隠れて喫煙し続けていることのツケがなんからのかたちで返ってきたりするものだけど、結局ブリジットはタバコを吸っていることを一度として咎められていないんだよな。

スー　そのあたりが混在しててておもしろい。ブリジットの欲望は「いいセックスがしたい、タバコが吸いたい、お酒も大好き、好きなだけ食べたい、そして大好きな人と結ばれて結婚したい」だもの。自由に生きたいけれど、最終的には旧来型の幸せにハマらないと不安なのよ。3作目ではタバコも止めてダイエットにも成功してるんだけどね。とは言え、髪は相変わらずぺしゃんこだし、輪郭のたるみに年齢のリアリティをすごく感じたわ。シワもそのままだったし。モテモテ以外はリアリティあるんだよな。

高橋　フフフフフ、そこのさじ加減は最後まで徹底しているという。3作目の『ダメな私の最後のモテ期』は肝心のラブコメ神、リチャード・カーティスが脚本から外れているんだけど、スーさんは割と評価しているんだよね。

スー　個人的には3作目が一番好き。はちゃめちゃなところは変わらないけど、40代になって自立した女になってたでしょ？　コミュニケーション能力の高いジャックを生涯の伴侶に選ばないのはどうかしてると思ったけどね。マークも素敵だけど、あそこはジャックを選んで欲しかった。かと言って、自分が同じことが出来るかと言われると自信ないけどね……。

ラブコメ映画をざっくり俯瞰で眺めてみると

ジェーン・スー

出会い方はなんでもＯＫ。とにかく「本当に好きな人」に巡り合い、すったもんだの末に目くるめくようなシチュエーションで求愛され、自分でも驚くほど大胆かつ素直になって、周囲に祝福されながら結ばれる。それが女の子の最大の幸せ。

こんな刷り込みを、ラブコメ映画からされた人は少なくないでしょう。２０００年くらいまでは、その手の作品がほとんどでしたから。

まるで「本当に好きな人」や「真実の愛」は善良な異性愛者の男女のみが獲得できるご褒美で、それさえ揃っていれば障害は超えられると錯覚させる筋書きが好まれていました。要はシンデレラ・ストーリーです。

大きな転機は、２００1年公開の『キューティ・ブロンド』（12ページ）と『ブリジット・ジョーンズの日記』（201ページ）でしょうか。『キューティ・ブロンド』をラブコメ作品とするか否かは議論の的になるところではありますが、「好きな人に愛されるための努力が、やがて真の自分らしさを見つける後押しになる」という、ラブコメ作品が発信することができるメッセージの、新たな可能性の扉を開く一作だったことに間違いはないでしょう。『キューティ・ブロンド』は、大好きな人に選ばれることだけが女の子の幸せではない、という強いメッセージも発してくれました。

『ブリジット・ジョーンズの日記』が白眉《はくび》だったのは、ブリジットの冴えない日常が我々のそれと相似《そうじ》していたからです。体重が減らない、悪癖がやめられない、部屋が片付いていない、男が欲しい。そんなラブコメ映画の主人公は、それまで登場したことがありませんでした。それでもちゃんと恋に落ちる彼女を観て、あれほどの幸運はないよなと斜に構えながら、うっすら自己肯定できたことを私は覚えています。「あんな子になれたらな」という憧れではなく「まるで私みたいだから、わかる！」という共感を観客から引き出したのが、ブリジット・ジョーンズです。

以降のラブコメ映画は、基本フォーマットである恋愛や結婚をベースにしながらも、決められた枠のなかでこれまで以上のことをどう表現するかに、どんどん挑戦していきました。２００３年公開の『恋愛適齢期』（212ページ）や２００９年の『恋するベーカリー』（219ページ）ではシニアの恋や性生活が描かれ、２０１０年公開の『ラブ・アゲイン』（46ページ）では、それまでラブコメ映画に出てくる女の専売特許だった、「冴えないビジュアルがプロの手にかかって大変身」を男がやりました。２０１２年公開の『恋愛だけじゃダメかしら？』（52ページ）では、男の育児描写に時間が割かれています。

では、ラブコメ映画が啓蒙的に時代をけん引していったのかというとそうでもなく、世相を敏感に反映させるのがラブコメ映画の特徴と言うほうが適切でしょう。女の幸せがひとつではなくなったから、バリエーションが増えた。その様相が再び変化したのが２０１０年代後半から。啓蒙的な自分探しや既存の固定概念を破壊する作品が続々生まれています。ラブコメ映画が、現実逃避以上の効果を持ち始めました。２０１６年公開の『ワタシが私を見つけるまで』（232ページ）や、２０１８年公開の『アイ・フィール・プリティ！人生最高のハプニング』（238ページ）がそれに当たるでしょう。

当時はウットリ、いまではその過去が黒歴史になりつつあるラブコメ映画の金字塔と言えば、１９９０年公開の『プリティ・ウーマン』（107ページ）。その甘く苦い思い出へのカウンターでありアンサーとなる作品が、敬意を持ってラブコメ映画のお約束をすべて模倣した２０１９年公開の『ロマンティックじゃない？』（250ページ）であり、同じく２０１９年に公開された『ロング・ショット僕と彼女のありえない恋』（70ページ）です。

どちらの作品にも『プリティ・ウーマン』へのオマージュがあり、タチの悪いご都合主義のもとに描かれてしまった「真実の愛」は、更新された価値観の世界でもロマンティックに存続できると証明してくれました。めでたし、めでたし。

11章

いくつになっても恋に落ちる気力体力を見習いたい

『恋愛適齢期』

女はいくつになっても、幸せかを己に問い続ける

story

『恋愛適齢期』（アメリカ・2003年）

若い美女たちと恋愛を楽しむ63歳の独身富豪ハリー。ある日彼は恋人マリンの別荘で心臓発作に見舞われ、マリンの母親エリカの看病を受けることに。離婚を経験して気ままな生活を送ってきた54歳のエリカは劇作家として成功をおさめ、別荘で新作を執筆中だった。そんなエリカとハリーは最初こそ反発し合うものの次第に惹かれ合い……。

出演：ジャック・ニコルソン、
ダイアン・キートン、
キアヌ・リーブス
監督：ナンシー・マイヤーズ
脚本：ナンシー・マイヤーズ

スー　ラブコメ映画の構造を理解するための作品を5本挙げろって言われたら、この作品を入れるわ。それくらい完璧。スタートから5分でハリー（ジャック・ニコルソン）とエリカ（ダイアン・キートン）が最悪の出会い方をして、そこから15分で恋敵《こいがたき》のジュリアン（キアヌ・リーブス）が出てくる。メインの登場人物が出てくるまでの20分間がスムーズ極まりない！　ラブコメ1000番ヤスリで磨きに磨いた職人芸の連続。これでいいんだよ、いや、これがいいんだよラブコメ映画は……。

高橋　正統派なラブコメのセオリーを踏襲しつつ、それでいてちゃんとシニア対応の物語になっているのがすごい。監督のナンシー・マイヤーズがここでなにかをつか

んだのは彼女のこのあとのフィルモグラフィからも明らかだよね。だって『ホリデイ』（２００６年）を挟んで撮ってるのがメリル・ストリープの『恋するベーカリー』（２００９年）とロバート・デ・ニーロの『マイ・インターン』（２０１５年）。完全にシニア世代を描くことに意義を見出してる。

スー 俗に言う「老いらくの恋」って言葉、ちょっとみっともないみたいなニュアンスあるじゃない？　周りが見えなくなっちゃうような。でも、そんなことないのよ。恋愛は若者だけのものじゃない。ちゃんと、シニア層ならではの悩みや問題も描いているしね。エリカの妹ゾーイの口を使って、社会における高齢男女の非対称性をコミカルだけどしっかりと熱弁させるのもいい。心臓発作ってフラグの回収も美しすぎたわね。

高橋 心臓発作がギャグとして「天丼」になっていく展開がブラックで最高だった。白《はく》眉《び》はハリーがマリンとの夜にムードづくりでマーヴィン・ゲイの「Let's Get It On」を流す場面。結果的に心臓発作で倒れたハリーにエリカが人工呼吸して「ゲットイットオン」することになるという（笑）。

スー ハリーとエリカのビーチの散歩シーンにもうっとり。ふたりが浜辺の風景にぴったりマッチしたサンドベージュとオフホワイトの衣装を着て、ただ小石を集めているだけなのに……あんなに素敵なのってある!?　あの場面だけで、本人たちより先に「このふたりはぴったりだな」ってことを観客に気づかせちゃう。ふたりのやりとり、たぶんアドリブだらけだと思うけど、会話の応酬が大人で憧れちゃったわ。付き合いたての若いカップルにも、長年連れ添った夫婦にも見える。

年齢に関係なく、恋をすると女は可愛くなる

高橋　シニアカップルであの初々しさとすがすがしさはなかなか出せないよね。ふたりの演技力はもちろん、衣装やもろもろの演出の賜物なんだろうな。

スー　エリカに想いを寄せる若き医師ジュリアンとのファーストデートで、エリカが黒のドレスを着て出てくるところも最高！　あそこでジュリアンとハリーがぼーっと見惚れちゃうんだよ。あれもラブコメ映画のお手本だよね。

高橋　「クラスの目立たなかったあのコがプロムの夜にドレスアップしてゴージャス美女に大変身！」みたいな手垢のついた方法論をあえてそのまま持ち込んで成功してる。実際ダイアン・キートンがめちゃくちゃきれいなんだ、これが！

スー　ダイアン・キートンってあの頃60歳近いんだけど、我々が考えるラブコメ映画のセオリー「主人公がどんどん可愛く見えてくる」に沿ってる。年齢は関係ないのね。

高橋　そんなエリカの大きな転機になるのがハリーとの最初のラブシーン。あの「タートルネックを切って！」はまちがいなくこの映画のハイライトでしょ。

スー　あそこはまさに、自分の殻を破るシーン！　その前に、タートルネックを着ているエリカに「君は鎧を着ている」ってハリーが言うじゃない？　ちゃんと回収してるよね。そこから、〝嵐からのピクニック避難〟と言うド定番の少女漫画みたいな展開で、タートルネックを切るところまでグイッと持っていく。あれは天才よ。60代同士のベッドシーンなのに可愛らしいし、清潔感もある。それでいて、老眼とか血圧とか避妊とか、シニア世代のネタも綺麗に絡めてくるし。

高橋　うん、ちゃんと笑いも入れてくるんだよね。エリカの印象的なセリフとしては「私を嫌ってるの？　それともいちばんの理解者なの？」も味わい深いものがあったな。

スー　そうそう、やりたい放題のハリーとは対称的に、ひとりで夜を過ごす自分を後ろめたく思うエリカの描写が序盤にあるじゃない？　あれをのちのち綺麗にひっくり返すのよね。今度はハリーが夜を持て余す、っていう。わかりやすくて親切！　そして、中盤で大きなフラグが立つ。「本当の恋とはどんなものなのか」っていうね。

自分の思いをじっくり勝手に温める男たち

高橋　あとはニューヨークに戻ったハリーが性懲りもなく若い美女とデートしていたらエリカと鉢合わせになる場面とかね。エリカに責められたハリーがうろたえながらこぼす「恋人になる術を知らないんだ」というセリフのいたたまれなさがまたなんとも。

スー　男のコミットメント・フォビア（恐怖症）ね。その先も良かったわ。現実社会でもよくあるやつ。ひどいことをした男が自分の思いをじっくりひとりで勝手に温めて、満を持して女のもとに戻るも、女のほうは「はぁ？　いまさら？」ってなるやつ。

高橋　自分の思いをじっくりひとりで勝手に温めたこと、あるある（苦笑）。これは男はやりがちかも。

スー　わはは。自分の気持ちを捉えるのに時間かけすぎですよ。一方、エリカはこの経験を自身の作品にちゃんと反映させた。非常に現実的（笑）。

高橋　基本ユーモア交じりに描いてはいたけど、あの年齢であの本気具合からの失恋は実際に食らったら相当こたえるだろうね。それをまた娘のマリンへの教訓として活かそうとするあたりが泣けてくる。「たとえうまくいかなくても愛から逃げちゃダメ。たとえ傷ついてもそれが生きることなんだから」って。ハリーとの恋の顚末を題材にしたエリカの舞台にハリーがクレームをつけにくるくだりのふたりのやり取りもめちゃくちゃ洒落てたな。「なぜ女は白黒つけたがる？」「さあね。愛と理性を失うとそうなるの」って。

スー 粋なセリフの大洪水だよ。クライマックスのシーンもヒヤヒヤしたしね。ジュリアンとハリーの男同士の戦い。ジュリアン役のキアヌ・リーブスの表情がもう、ね！

高橋 あの一見淡々としたシーンをクライマックスにもってくるのは大胆だよなー。監督の役者陣に対する信頼の表れでもあるんだろうね。体裁上は良い雰囲気の会食なんだけど、お互いの思惑が見え隠れするキアヌとジャック・ニコルソンの目線の演技が最高にスリリング。そして、とどめを刺すのがなにげなく取り出される老眼鏡という。

スー うん。あれが決定的だったと思う。このラストシーンは、シニアにしかできないこと。同じ流れを若い俳優でやったら甘酸っぱすぎるもの。今作は中年からシニア世代の女性に夢を見させる。平和に暮らしている女性に「でも、なにか足りないでしょう？」ってわざわざ尋ねるのもラブコメ映画の仕事。女には、自分が幸せかどうかを常に己に問い続ける業があるからね。人によると思うけど、大半の男はそれやらないでしょ。

高橋　うん、それはここ数年でめちゃくちゃ痛感してる（苦笑）。

社会的に成功しても、女としての揺らぎは残る

story

『恋するベーカリー』（アメリカ・2009年）

実業家のジェーンは、10年前に夫ジェイクと離婚して以来シングルライフを謳歌していた。ある日、息子の卒業式に出席するため滞在したホテルのバーで偶然ジェイクと再会。酔った勢いで関係を持ってしまう。だが、ジェイクはすでに再婚しており不倫の仲に。一方で、家の増改築を依頼した建築家アダムの誠実さにも惹かれていき……。

出演：メリル・ストリープ、アレック・ボールドウィン、スティーヴ・マーティン
監督：ナンシー・マイヤーズ
脚本：ナンシー・マイヤーズ

スー　これもシニア世代が主人公の作品。細部まで存分に味わえるのは大人の特権だね。「社会的に成功しても女性としての揺らぎは残るし、大人だからといって常に正しい道を選べるわけではない」という真理と、「しかし、最終的に自分のお尻は自分で拭けるのが大人の女」というふたつの真理を同時に示してくれるから、心強い。『恋愛適齢期』（2003年）もそうだけど、監督・脚本のナンシー・マイヤーズって大人の女性の心の機微を描くのが抜群にうまい。「ある！　わかる！」の連続だったわ。特筆すべきは、ドタバタ喜劇のわりに、もう若くはない主人公ジェーン（メリル・ストリープ）の繊細な気持ちに寄り添って丁寧に物語が進んでいく点。

高橋　ほう。具体的には？

スー　ジェーンがこっそり、まぶたの弛《たる》みを取りに整形外科へ行くシーン。口では整形を否定しながらも、自分の老いが怖くなって、なんやかんや言い訳をしながら医師に相談する。「まぶたの下垂《かすい》」ってのがまた、いいところを突いてるのよ。眼瞼《けん》下垂手術って保険が利く場合もあって、整形じゃない外科手術のギリギリのラインのところにあるわけ。そんなの中年以降じゃないと知らないよね（笑）。エクスキューズたっぷりにあそこから試そうとする気持ち、「わかる!!」って一瞬で摑まれたよ。

高橋　勉強になる！　個人的には息子ルークの卒業式前夜のシーンに心を持っていかれたね。ジェーンはひさしぶりに子どもたちと水入らずで食事をしようとレストランの予約を入れているんだけど、ルークは別の予定があってジェーンひとり取り残されてしまう。しかもルークはジェーンにキャッシュカードをねだって奪い去っていくという。あれは切ないよ。

スー　そのせいで、すべての歯車が狂い始めるのよね……。そうそう、そのあとジェーンが女友だちとの食事会で、ジェイク（アレック・ボールドウィン）とうっかり寝てしまったことを告白するじゃない？　また友だちが芯食ったこと言うのよ。「（別れた夫と再び寝たからって）母親になっちゃダメよ」って。にもかかわらず、ジェーンはどんどんジェイクの母親役を担ってしまう。ジェイクはジェーンに夢中に見えるけど、それは現在のジェイクの妻が子育てに忙しく、ジェイクのことをかまってあげないから。つまり、彼は面倒を見てくれる都合のいい母親が欲しいだけなのよ。

高橋 そんななか、ジェーンは葛藤しながらもなんだかんだ活き活きしてくるんだよな。でも彼女は根が真面目だからジェイクとの不倫関係を思い悩んで、なじみのカウンセラーに相談しに行ったりもする。

スー そう、自分がなぜ不倫をしてしまっているか、考えうる限りの理由が書かれたリストを読み上げる場面ね。あそこは秀逸。「ただ寂しいから」を読み上げるときのあの躊躇！　離婚して10年、精神的に自立しよう、楽しく生きようとジェーンは戦ってきたんだろうな。でも、あんなに素敵なベーカリーを営んでいるのに、自分に自信がない。ジェーンにとっては「寂しいから間違いを犯した」ってのが、最も避けたい事態だったんだと思うわ。

男の身勝手さは「恋愛あるある」

高橋 確かにね。こうやってジェーンの機微のひとつひとつをすごく丁寧に描いているから余計にジェイクの身勝手さや無神経さにイライラさせられる。

スー　ジェイクの身勝手さ、私にとっては「恋愛あるある」だったけどね。ジェーンは「あなたはいつだって自分のことが最優先！」ってジェイクに言ってたけど、私も言ったことあるもの（笑）。

高橋　ジェイクは本当にずるいよね。不倫関係に罪悪感を覚えながらも大きく心が揺れているジェーンに向かって「人生は短いんだ」なんて詰め寄り方するし。しまいには再婚した自分の立場を無視して「俺たち一緒に歳をとるべきだ」なんて言い出す始末。観てる側としては「もうジェイクなんて放っておいてアダム（スティーヴ・マーティン）にいっとけ！」とやきもきさせられる。でもジェーンも昔のよしみでなし崩し的にジェイクに流れていってしまう。

スー　勝手知ったる仲のジェイクにホッとする気持ちはわかるんだけどさ、それは間違った安心。だって、「知ってる」ことと「理解者である」ことは別だから。でも、人としてはアレだけど、最初は圧倒的にジェイクの方が男として魅力的に映る。一方、アダムは安牌《あんパイ》な存在として描写され続ける。だけどジェーンが心を決めてからは、アダムがとても素敵な相手に見えてくるから不思議。ラブコメ・マジックの新バージョンだと思った。やっぱり長く平和的に幸せでいることを考えたら、相手はジェイクではない。複雑なできごとに心が持ち堪えきれなくなってくるお

高橋　年頃じゃん、50代って。それなのに、人生はどんどん複雑になっていくんだよ。まさに原題の『It's Complicated』の通り。ラストシーン直前のジェーンとジェイクの語らいに関しては、このふたりがいったいどういう境地にいるのかまだ理解しきれていないところがある。そして、そんな人生の複雑さにため息をつきながら迎える雨のラストシーン。これ、すごく優しい幕の引き方じゃない？

一度終わった恋はやり直しがきかない

スー　ほんとそうね。ふたりの会話がまた泣かせるというか。会話のテンポは、映画の冒頭と変わってないわけ。だけど、関係は決定的に変わっている。この人と過ごす時間は楽しいけれど、もうそこには何もない（やり尽くした）ってことがハッキリわかるのよ。20年前の元カレと飲んでるときに思う感情だね。

高橋　良い雰囲気のなかで和やかに話しているんだけど、終止符は確実に打たれているというね。あとはジェーンとジェイクの不倫が明らかになってからの子どもたちの葛藤も胸を打つものがあった。ジェイクが困惑する子どもたちに「パパが戻ってきたことがうれしくないのか？」ってうろたえていたけど、そんなに簡単な話じゃない。子どもたちは子どもたちでめちゃくちゃ傷ついてきたし、大きなものを乗り越えてきてる。

スー ジェーンにとっては、子どもの信頼を裏切るのが一番つらいってこともわかっていない。なぜならジェイクは自分本位だから。ほんっと自分のことしか考えてない。そして、そのことにまったく気づいてない。ジェーンがジェイクに言う「私は、私たちの夫婦関係をどこかであきらめたけど、あなたはそうじゃなかった」ってセリフも印象的。息子のルークも「ふたりがハグしたりしているのを見たことなかった」って言っていて、象徴的だなと思った。ジェイクの浮気だけが離婚原因じゃないと、ジェーンは認めたのよね。

高橋 子どもたちも母親が「夫婦」をあきらめる過程をずっと見てきたということだよね。その重みを知っているからこそ、ジェイクを簡単に受け入れるわけにはいかないんだよ。この終盤はもはやラブコメを突き抜けていたね。

スー ラブコメ映画であり、ラブコメ映画でなかったね。大人にこそぜひ観てほしい！

12章

私が〝ワタシ〟を見つけたら、人生ガラッと変わるはず

『アイ・フィール・プリティ！　人生最高のハプニング』

理想の私になることが、自分を幸せにしないとしたら？

story

『13ラブ30 サーティン・ラブ・サーティ』（アメリカ・2004年）

大人の女性に憧れる13歳のジェナは、ひょんなことから少女の心を持ったまま大人に。なんとそれは、大手ファッション誌の編集者として多忙な毎日を送る17年後の自分の姿だった。30歳のジェナは13歳のときに夢見ていたかっこいい大人になったかに思われたが想像とは違うよう。突然の変化に戸惑いながらも、幼馴染のマットを捜すが……。

出演：ジェニファー・ガーナー、マーク・ラファロ、ジュディ・グリア
監督：ゲイリー・ウィニック
脚本：ジョシュ・ゴールドスミスほか

スー ジェナ（ジェニファー・ガーナー）は1987年で13歳の設定。それにしても、プロットを考えた人が天才だわ。この作品は「過去をやり直す」とか「未来を変える」とか、そういうお話じゃない。理想通りの未来が手に入っていたと思ったら自分が最悪の人間になっていた！　さあ、どうする？　という話（笑）。

高橋 不倫してるわライバル雑誌に情報たれ流してるわアシスタントをぞんざいに扱ってるわ……もう悪夢でしかない。マドンナからメッセージをもらうぐらいのイケてる編集者ではあるんだけど、中身はただのイヤな奴だもんね。

スー 自分に置き換えて考えてみると、これは相当ショック受けるだろうな。表面的には完璧な理想の大人になっていたのに、そこにのし上がるまでに真っ当な人間性

をかなぐり捨てていたわけだから。それが誤解でもないのがつらいところだよ。だって、彼女は実際にやらかしちゃってるんだもん。「これは誤解なの！」って釈明したいところだろうけど。

高橋　ジェナは13歳のバースデーパーティーを境に人間が変わってしまうんだよね。

スー　クラスを牛耳るイカした女子軍団に入りたいがために、ね。2005年に公開されたリンジー・ローハン主演の『ミーン・ガールズ』も似た設定だったけど、アメリカの学園映画では、ルッキズムからくるスクールカーストに翻弄される描写が定番のひとつとしてある。学園物のお約束というか。

高橋　その学園物のお約束をラブコメ映画に持ち込んだアイデアが秀逸だよな。

スー　ジェナを演じるジェニファー・ガーナーの演技がお見事だったわ。そのまま学園ものの設定で進んでいくのかと思いきや、途中でぶった切ってジェナが30歳になった未来に飛ぶ。

高橋　そうそう。見た目は大人なんだけど、振る舞いは完全に13歳のそれになってる。

スー　ジェナの幼馴染マットを演じる、マーク・ラファロの冴えない男っぷりもいい。『恋人はゴースト』（2005年）のときも思ったけど、まともに女性と目を合わせられないようなおどおどイケメンをやらせたら彼はピカイチだね。

高橋　もう実質『恋人はゴースト』と同じ役（笑）。個人的にマーク・ラファロは大好きな俳優なんだけど、ラブコメ映画の彼は特にいいね。あの常に眉毛が下がった困り顔とボソボソ喋りがめちゃくちゃキュートなんだよ。

人生はいつでも自分次第で変えることができる

高橋 ジェナが自分を見つめ直すために帰省するシーンがあるじゃない？　この映画ではジェナが13歳のときの時代設定が１９８７年だったことにちなんで80年代のポップがふんだんに使われているんだけど、唯一この場面だけ70年代の曲、ビリー・ジョエルの「Vienna」が流れる。「Vienna」は野心を抱いて都会に出て行く若者を親がたしなめるような内容で、向こうでは高校を卒業する子どもたちに捧げる定番の曲になっているんだけど、それをこの局面で使ってくるのは見事だった。物語のエモーションがぐっと高まる選曲だよね。できれば歌詞対訳の字幕をつけてほしかったけど。

スー あのシーンだけ、ジェナのファッションが微妙に変わるのも見逃さないでほしい。それまでの「ファッション業界人」ってアイデンティティを表すスタイリングじゃなくて、「パパとママの娘」ってアイデンティティを反映した服装で実家に帰るのよね。

高橋　あとさ、幼馴染のジェナとマットのふたりだけの秘密の挨拶。別れるときにジェナが「アリベデルチ」（イタリア語で「さようなら」）と言うとマットが「オルボワール」（フランス語で「さようなら」）って返すという。大人になったマットは意地悪女子軍団に入ったジェナに裏切られた思いがあるから彼女に不信感を抱いているんだけど、タイムリープしてきてまだよく事情を呑み込めてないジェナがマットに「アリベデルチ」と言うと、ちょっと戸惑いながらも「オルボワール」って返してあげるんだよね。あのマットの「オルボワール」の優しさと悲しさはたまらないものがあったね。あの一言から彼が歩んできた人生と人柄が垣間見えるんだよな……ちょっとマットに感情移入しすぎなんだけど（笑）。

スー　フフフフ。13歳の心のまま30歳になったジェナは、自分があまりにも厄介な人間になってると徐々に気づいて、なんとか汚名返上しようと動く。編集会議で企画をプレゼンするときに「いま自分たちがつくってる雑誌に登場するモデルさんたちの名前を誰かひとりでも知ってますか？　知りませんよね？　私たちが子どものころに本当に憧れていたのは、匿名性の高いファッションモデルじゃなくて隣近所にいたカッコいいお姉さんだったはず」とスピーチする。13歳の自分を裏切りたくないからね。愛するファッション誌が、誰のための雑誌かわからなくなってしまったことを憂いた彼女の渾身の主張は説得力があったな。

高橋　あとジェナはたびたび「愛は戦場なのよ！」って言ってるけど、あれはパット・ベネターの1983年のヒット曲「Love Is a Battlefield」からの引用。そのセリフでさんざん伏線を張っておいて、子どもたちを集めたパジャマパーティーで「Love Is a Battlefield」をバックにどんちゃん騒ぎするシーンは楽しかったね。

スー　女の子は本当にああいうことやるんだよ（笑）。小学生高学年とか中学生になりたてのころとか。友だちの家に集まって、お姉さんを気取って音楽を流してみんなで踊ってみたり。私もやったわー、懐かしい。

13歳の自分に、誇れる自分でありたい

スー　この映画を観ていると、いやがおうにも「果たして、私は？」と自分の人生と向き合うことになるよね。

高橋　そういう意味では明日への活力になる映画でもあるんだけどね。13歳のころの自分に少しでも誇れるような人間でありたいと思うじゃん。

スー　そうね。「13歳の自分がいまの自分を見たらどう感じると思いますか？」って質問をしたときに「きっと誇らしく思うはず」と迷いなく答えられるような人にこそ、この映画を観てほしい。理想の自分を手に入れるまで、ここに至るまでにな

にか大切なものを失っていないですか？って。

高橋　うん。この映画はラブコメなんだけど、恋愛にとどまらず人生そのものを見つめ直したくなるところがあるね。

スー　婚活に疲れた女性がこの映画を観たら、泣いちゃうんじゃないかな。本当の幸せっていったいなんだろう？と考えてしまって。結局、いちばん近くにいた人がいちばん自分のことを理解してくれていたって話じゃん。でもジェナはすごく遠いものに憧れて、そこに至るまでに人間として大事なものを捨ててしまった。果たして本当に大事なものってなんなのか、取り戻すことはできるのか。その普遍的なテーマを考えるきっかけになる映画だね。

ひとりでもいられるから、誰かと一緒にいたいのよ

story

『ワタシが私を見つけるまで』（アメリカ・2016年）

恋人が途切れたことがないアリス、シングル・ライフを謳歌して毎晩パーティーに明け暮れるロビン、アリスの姉で仕事一筋に生きてきた産婦人科医のメグ、婚活をがんばるもなかなか男に出会えないルーシー。ニューヨークを舞台に、さまざまなタイプの独身女性の葛藤をユーモアも交えて軽快に描いていく群像劇。

出演：ダコタ・ジョンソン、レベル・ウィルソン、レスリー・マン
監督：クリスチャン・ディッター
脚本：アビー・コーンほか

スー　アラサー世代は必見の、シンプルに言えば男と女の自立物語。シングルを肯定する映画は昔から数多く作られてきたけど、この作品は格別だね。

高橋　メグ（レスリー・マン）がしれっと『ブリジット・ジョーンズの日記』（2001年）と『セックス・アンド・ザ・シティ』に言及するシーンがあったでしょ？　あれは恐らくそういう独身女性を扱ってきた映画に対する牽制もあるんだろうね。

スー　2000年代のシングルガールたちは最高に楽しくて私も憧れたけど、「リアリティのないシングル・ライフ」と批判する人もいたからね。メグも世代的にはそのひとりなんだと思う。ほかの選択肢もあるとアリス（ダコタ・ジョンソン）に知ってほしいんだろうけど、彼女自身は自分の人生を後悔はしていない。そういう意味でも、今作はいろんなタイプの女性を肯定してる。独りになるのが怖いア

リス、独身満喫中のロビン（レベル・ウィルソン）、結婚したいルーシー（アリソン・ブリー）、子どもが欲しいメグ。この4人が主要登場人物で、ひとくちに独身女性といってもバラエティに富んでる。

高橋　その4人のキャラクターの紹介に当てられた冒頭のシーケンスの交通整理がすごく明快で鮮やかだったな。ルーシーがバーのカウンターでおつまみのナッツを使って「ニューヨークでいい男をみつけるのがどれだけむずかしいか」を講義するシーン、ああいうギミックはラブコメ映画の醍醐味のひとつだよね。あの時点で一定のレベルは超えてくるだろうとは思ったよ。とにかくテンポが良くて、洒落たダイアローグで引っ張っていくラブコメ映画としてはここ数年でも屈指だね。

スー　そうそう、女性たちの中には、それこそSNSやアプリで「いい人がいるはずだ」と信じて相手を探しながら、「もしかしたら間違っているかも……」。これじゃあ見つからないのかも」と不安に思っている人がいると思う。ルーシーはそんな彼女たちに勇気を与えてくれるの。自分を信じていれば、思いもよらないところから出会いが生まれるよって。

高橋　ルーシーの恋の顚末はなかなか見応えあった。これに関しては、完全に従来のラブコメのセオリーから外れてる。でも、現実的に考えればめちゃくちゃ合点がいく展開ではあるんだよね。このあたりのリアリティのさじ加減はやっぱり

2010年代モードのラブコメ映画だと思った。ラブコメ然としたご都合主義も残しつつ、締めるところはしっかり締めてる。

ひとりでもやっていけるけど、それは嫌！

高橋　「女性版ジョナ・ヒル」といった振る舞いのロビンが絡むコメディシーンはどれも最高。特にアリスとのサウナでのやり取りはガチで爆笑したわ。ロビンみたいな友だちがいたら最高なのに！

スー　そんなロビンがアリスに対して「あなたLTRPだわ」って言う場面。アリスは最初、自分が性病にかかったと勘違いしてしまって。LTRPがなんなのかを確かめるだけでもこの作品を観る価値はあります！　視覚的なドタバタはあまりないんだけど、セリフの面白さがすごく際立つ映画だよね。

高橋　セリフでいくと、メグがある大きな出来事を経て吐露する「私はひとりでもやっていけるけど、それは嫌なの」。あれは胸を打つものがあったな。

スー　グッときたね。でも、今はそういうムードなんだろうな。女性も自分でいろいろできる時代になったけれど、それでもやっぱり「誰かと一緒にやりたい」っていう……。ちょっと前だったら否定されがちだった心細い感情が肯定されるようになったのは、いいことだと思う。

高橋　主人公アリスの話もしておこう。彼女は「ひとりで生きてみたい」ということでボーイフレンドのジョシュから離れて単身ニューヨークに出てくるんだけど、端的に言うとちょっと調子こいてたわけだよね。

スー　アリスは甘えん坊なんだよ。「男が途切れたことがない」って言うけど、彼女の場合は「精神的に自立していない」ってだけだから。

高橋　ワンピースの背中のジッパーをうまく閉められなかったり、テレビのリモコンの操作がよくわからなくて間違ってつけちゃった外国語の字幕を消せなかったり。『セレステ∞ジェシー』（2012年）でシングルになったヒロインのセレステが一人ではイケアの家具を組み立てられなくて元夫のジェシーを呼び出すシーンを思い出したな。

スー　私も同じこと思った！　長年のパートナーを失った人にとっては、〝不在〟と〝後悔〟はセット。日常生活でふとした欠如を感じるたびに不在を再認識して、それが後悔につながる。そこをすごく丁寧に描いていた。アリスはジョシュより優位に立っていたつもりだったけど、そうじゃなかった。ならば底つきを経て綺麗な思い出に昇華するかというとそうでもなくて……。

高橋　アリスは同じ相手に対して「ひとりになりたい」って2回言うことになるんだけ

ど、1回目と2回目では意味合いがぜんぜん違ってくるんだよね。この映画はさっきも引き合いに出した『セレステ∞ジェシー』のさらに先を見事に描き切ってると思う。

スー あそこまでちゃんとアリスを落としたのはお見事。そして覚醒してからのアリスの魅力的なことと言ったら！　本当に強くなった。勇気をもらえるよね。

失うことを恐れるのは、男も女も関係ない

スー 一方で相手役の男性陣はというと、ラブコメ映画における〝男の三大フォビア（恐怖症）〟とでも言いたくなるような現象がわかりやすく描かれてた。「真剣に付き合うのが怖い」「結婚が怖い」「失ったことを認めるのが怖い」。バーテンダーのトムの「真剣に付き合うのが怖い」に関してヨシくんに聞きたかったんだけど、あのコミットメント・フォビア的なものは何なんでしょう？

高橋 要は自分と向き合うこと、自分をさらすことに恐怖を感じるということだと思うんだけど、きっと自分は薄っぺらで無価値な人間だと思い込んでいるんだろうね。もしくは、自分の実体がよくわかっていないのかもしれない。

スー アリスの姉のメグも、実は「真剣に付き合うのが怖い」んだよね。失うことを過

剰に恐れるのに、男も女も関係ないのかも。今作はラブコメなんだけど、「アナ雪」みたいな姉妹愛も描いているし、女の友情も描いているし、遊び人の男が愛に目覚めた瞬間も描いている。誰かひとりには感情移入できるんじゃないかなって思った。

高橋 従来のラブコメの様式美には必ずしも当てはまらないんだけど、でも昔ながらの王道的なラブコメの良さも手放さずにしっかり保持してる、そういうバランス感覚の映画が確実に増えてきてる印象がある。気軽に観ることができるのがラブコメ映画の良さだけど、これに関してはちゃんと向き合って鑑賞してほしいかも。特にキツい失恋をした直後の人、失恋の痛手から立ち直れない人には男女問わず強くおすすめしたいな。

自分を信じられなきゃ、誰かに選ばれても幸せになれない

『アイ・フィール・プリティ！ 人生最高のハプニング』（アメリカ・2018年）

story

容姿にコンプレックスがあり自分に自信を持てないレネー。彼女は自分を変えようとジムに通い始めるが、エクササイズ中に頭を打って気を失ってしまう。目が覚めたレネーは、なぜか自分が絶世の美女になったと思い込み、それに伴って性格も超ポジティブに大変身！ 一転して自信に満ち溢れた彼女は仕事も恋も絶好調になるのだが……。

出演：エイミー・シューマー、ミシェル・ウィリアムズ、ロリー・スコヴェル
監督：アビー・コーンほか
脚本：マーク・シルヴァースタインほか

スー 新時代のラブコメ映画の誕生に感激しちゃった！ 旧来型のラブコメ映画には「大好きな男の子と結ばれるのが女の子の一番の幸せ」ってメッセージが多少なりともあったけど、ここ10年で女性の地位向上やジェンダーロールを固定しない生き方のイシューが俎上《そじょう》に上がるようになって、「誰かに選ばれることだけが女の幸せではない」ってことに女たちが気付いちゃったんだよね。恋愛至上主義のラブコメ映画がヒットしづらくなったのも、それが理由のひとつなんじゃないかな。でも、徐々に流れが変わってきてる。それがひとつの形に結実したのがこの作品かと。

高橋 ラブコメ映画の様式をきっちり踏まえつつ、ちゃんとそのへんがアップデートさ

れているからね。これはなかなか感動的な体験だったな。映画の序盤のレネー（エイミー・シューマー）の悲痛な叫び、「美しい容姿だったらもっと多くの可能性が開けたのに！」というセリフが飛び出したあたりから心を揺さぶられっぱなしだったよ。

スー　私は開始5分で泣きそうになったわ。あのジムのシーン！　綺麗な人ばかりで居場所がないとか、人より靴のサイズが大きいから恥ずかしいとか、痛いほどよくわかる。ヒロインのレネーと同じように、容姿コンプレックスがあって、そのせいで人生損をしているように感じてる女性は日本にも多いはず。美人ってそれだけでものすごく得をしているように見えるしね。努力をすればレネーの現状も変わるんだろうけど、なかなかうまくいかない。そりゃそうよ、努力なんて「私はできる！」って自信がなきゃ続けられないもの。男性に例えるなら「俺にもっと学歴があったら」「もっと金持ちだったら」って気持ちと似てるんじゃないかな。富とか権力って、女性の場合は〝美〟とイコールにされることが多いから。自信がないと一歩前に踏み出せないのは、男も女も同じなのかも。

完璧に見える人も、実はコンプレックスを抱えている

スー　特筆すべき点は、頭を打って自分が絶世の美女に見えるようになったレネーの「絶世の美女の姿」を一切画面には映さないところ。つまり、レネーの目に自分がどう映っているか、観客にはまったくわからないの。私たちから見るとまったく同じ姿なのに、レネーはどんどん自信を付けて振る舞いを変えていく。すると、卑屈だったレネーがどんどんチャーミングに見えてくるんだよね。同じ容姿なのに！やがて素敵な恋人もできて。自尊感情が高まると、同じ容姿でも人に与える印象がガラッと変わることが手に取るようにわかる。

高橋　そうなんだよね。堂々と振る舞ってる人はもうそれだけで素敵に見えてくるものなんだよ。少々耳の痛い話ではあるんだけど（苦笑）。

スー　コンプレックスを抱いているのはレネーだけではないという描写も丁寧だよね。化粧品会社の社長エイヴリー（ミシェル・ウィリアムズ）は美人でセンスが良くて頭脳も明晰。でも人とは違う声がコンプレックスで、自信が持てない。すべてを手に入れているように見えるけれど、誰もが自分自身の暗闇の中にいるんだよね。どんなに恵まれて見える人に対しても「あなたには暗闇を持つ資格なんかあ

りません」って、周りの人がジャッジしちゃいけないんだなと改めて思いました。

高橋　「私には私の、あなたにはあなたの地獄がある」というやつですよね。うんうん。

スー　レネーの問題は、頭を打つ前も打った後も〝世間のモノサシ〟で自分を許っちゃってるところ。「美人は誰からも愛されるし、他者より堂々と生きていい」っていうモノサシね。だから頭を打つ前はおどおどしてるし、打った後は笑っちゃうほど堂々としてる。実はこのモノサシって彼女の中に内在化しているものなんだよね。大人になってから誰かに「不美人はダメ」って言われ続けたわけじゃないのに、自分で勝手に思っちゃってる。一方、レネーの親友たちはいわゆる男好きするタイプではないけれど、比較的自己受容ができてるタイプ。彼女たちは世間のモノサシを内在化させていないの。

振る舞いが相手に与える印象をつくる

高橋　この映画、ファレリー兄弟監督の『愛しのローズマリー』（2001年）となにかと比較されてるみたいだね。あの映画は容姿の美しい女性ばかりを追いかけてる主人公ハルが心の美しい女性のみ美人に見える催眠術をかけられて、巨漢のローズマリーに一目惚れするというお話。共通点が多いのは確かなんだけどね。

スー　ヒロインはどちらも絶世の美女ではないんだけど、レネーのメンタリティはローズマリーじゃなくてハル。つまり、「女はキレイな方がいい」ってモノサシで自分に低い評価を付けてるのがレネー。かたや、ローズマリーは世間が自分をどう見ているかはわかっているけれど、自尊感情が低すぎない。自分には自分の良さがあるってことをちゃんとわかってる。そこが『愛しのローズマリー』との大きな違いだね。

高橋　『愛しのローズマリー』はあまりに一面的で公開当時からかなり違和感あったよね。20年経過した今となっては余計に。

スー　『愛しのローズマリー』には容姿はイマイチだけど心の綺麗な女の子が何人か出てくるんだけど、いわゆるコミュニケーションが苦手な不美人特有の振る舞いをしているの。「心が綺麗でもブスなら挙動不審」って決めつけには腹が立つけど、確かにステレオタイプな美女でも自信がなさそうだと、ローズマリーのように魅力的には見えない。振る舞いが相手に与える印象をつくるってことだね。

高橋　そのへんは劇中のビキニコンテストのシーンにも明快に描かれていたと思う。「美しさに規準なんてない、そのままでいいんだ」ってことなんだろうな。物語の進行と共に微妙にメイクや髪型を変えてヒロインの成長を外面の変化で表現するラブコメ映画はよくあるけど、この作品に関しては最初から最後までレネーの外見

スー　は基本的になにも変わっていないんだよね。この映画のトレーラーがアメリカで公開された時に「なんで頭を打ってまで自分のことを美しいと思わなきゃいけないの？」とか「痩せてないと自信を持っちゃいけないの？」ってバックラッシュがあったらしいよ。でも、レネーは自分自身の手や足を見て「痩せた」とは一言も言っていないんだよね。「この脚のラインを見て！」とか「私のお尻、最高！」とは言っているけど、決して「細くなった」とは言っていない。にもかかわらず、「細くなきゃいけないのか」と批判する人たちがいる。逆に「ほら、それがあなたの頭の中に内在化されている〝美のスタンダード〟だよ」って晒されちゃってるわけ。怖い怖い！

高橋　レネーの「子どものころは誰もが自信に満ち溢れているのに！」という叫びが余計に胸に迫ってくるね。このセリフにも象徴的だけど、なにかコンプレックスを抱えている人だったらきっと共感できるキャラクターを見つけられる映画なんじゃないかな。そういう現代的な問題意識を内包しつつ、ラブコメディ本来の喜びもばっちり担保されているから素晴らしいよね。極めつきはレネーのボーイフレンドのイーサンが最後に彼女にかける言葉。これは映画のテーマを踏まえたダブルミーニングになっているんだけど、『恋人たちの予感』（1989年）の「一日の最後に話したいのは君だ」級にロマンティックな名台詞だと思うよ。

失恋したときに支えてくれるのは、やっぱり女友だち！

story

『サムワン・グレート 輝く人に』（アメリカ・2019年 Netflixオリジナル映画）

ローリングストーン誌に就職が決まった音楽ジャーナリストのジェニーは、ニューヨークを離れてサンフランシスコへ移住することになり、9年間付き合ったネイトと別れることに。ジェニーはひどく落ち込むが、憂さ晴らしも兼ねて親友のエリンとブレアを誘い音楽フェスに潜り込むことに。なんとかネイトへの思いを振り切ろうとするが……。

出演：ジーナ・ロドリゲス、ブリタニー・スノウ、ディワンダ・ワイズ
監督：ジェニファー・ケイティン・ロビンソン
脚本：ジェニファー・ケイティン・ロビンソン

スー 微に入り細を穿《うが》つように、すべてのルックが「今」を体現していたわ。恋愛は二の次な女子の成長譚だったね！　メインの3人の女の子たちもそれぞれ個性的で素敵だった。

高橋 映画が始まったと同時にいきなりヒップホップ界のレジェンド、UGKの「Int'l Players Anthem」が流れてきてびっくりしたんだけど、主人公のジェニー（ジーナ・ロドリゲス）が音楽ジャーナリストということもあってすごく音楽が充実してる。インディーシーンを中心に現行ポップミュージックをジャンル関係なくチェックしてる人だったらかなり楽しめるんじゃないかな。Spotifyには映画オフィシャルのプレイリストもあるぐらいだし、制作者側としても選曲に関して少なからず自

負があるんだと思う。実際、この映画からリゾの「Truth Hurts」(2017年)がリバイバルヒットしているわけだしね。

スー　そういう音楽のセレクションに象徴されるように、アメリカ都市部で生活する文化的感度の高い若者の実態がものすごくリアルに描かれていると思った。ブレアのマグカップに「FEMINIST」って書いてあったり、エリンのベッドルームの壁に「Black Lives Matter」のポスターが貼ってあったり、ジェニーのTシャツに「Latina-AF」ってプリントされていたり。エスニシティやジェンダーに関する主張がそこかしこに打ち出されていてディテールのいちいちを見入ってしまったよ。わかる! Latina-AFの「AF」はAs F**kの略で、単なる強調語らしい。だから「めっちゃラティーナ(ラテン系の女性)」って感じかな。ラテン系であることを誇るTシャツ。こういうのいいよね。そうそう、異性愛と同性愛が区別なく自然に描かれてた。マイノリティゆえに抱える悩みは描かれているけど、いちいち説明がないというか。考え方が共有されているという前提で話が進むのが気持ちよかった。みんなが集まるリビングルームの壁に貼られたネオンサインの〝DO what you Love〟が象徴的。ことあるごとに映されていて、あれが作品の大きなメッセージだったと思う。

失恋の傷が癒えるまでは毎朝「痛み」と向き合う

スー 精神年齢の描き方が正直だったね。主人公のジェニーは29歳で、エリン（ディワンダ・ワイズ）もブレア（ブリタニー・スノウ）も大学からの友だちだからほぼ同い年でしょ？　29歳って、フィクションではもっと大人っぽく描かれがち。だけど、現実はあんな感じでまだまだ子どもっぽいんだよね。彼氏と別れても未練たっぷり。憂さ晴らしに女友だちとめかし込んで出掛けたり、飲み過ぎたり、「平気平気」と言いながら元カレの姿を見つけて追いかけてしまったり、何を見ても彼のことを思い出してしまったり……。失恋あるあるがテンコ盛り。男性陣も子どもっぽい。どっちもリアリティがあったな。

高橋 リアリティというところでは、ジェニーとネイト（ラキース・スタンフィールド）の交際スタートから別れまでをSNSのモンタージュで表現していたのは生々しくもスマートだった。しかし失恋にまつわる描写はどれも古傷がうずく勢いでリアルだったな（苦笑）。ジャズスタンダードの傷心ソング「Good Morning Heartache」で歌われているように、傷が癒えるまでは毎朝「痛み」と向き合わなくちゃいけない。

スー　そう、亡霊のようにね……。「SNSと若者」と言えば異常な承認欲求とセットで語られがちだけど、そういうのは一切なかったのもよかった。そこもリアリティの強化につながっている。デフォルメしすぎた現実みたいなものがないのよね。

高橋　ジェニーの元カレ、ネイトの情けなさ具合も適温。ジェニーに対するネイトの煮えきらない言動の数々は男性諸氏にとって反面教師になると思う。あの「俺の機嫌を察してくれ」的な振る舞い、思い当たる人は結構多いんじゃないかな？

スー　あるある！　ありすぎるよ！　何もないのに腹たってきた（笑）。

「私と仕事、どっちが大事なの？」と男が言う時代がくる!?

高橋　エリンとブレアがフェスのアフターパーティーで喧嘩するんだけど、その場ですぐにハグして仲直りするシーンが素敵すぎた。なんならちょっと泣いたぐらい。大切な相手に対してはいつだってああいう態度でありたいよね。

スー　女同士ってあれぐらいサッパリしてるんだよ、リアルでは。超リアル。お互いに完全なる信頼があるんだよね。優等生キャラのブレアが、どうしても自分の本能に逆らえず〝バッド（不良）ブレア〟になるのもよかった。

高橋　この映画は夢を持ってる女と夢を持てない男のお話でもあると思っていて。明確な目標があってそこに向かって邁進しているジェニーと、これといった未来のビジョンが見つけられないでいるネイト。ある意味、その溝がふたりの行く末を暗示しているんだよね。ネイトも最初のうちは「夢を追う君を誇りに思う」みたいなことをジェニーに言っていたけど。

スー　仕事より自分が優先されているうちは、ね。『いつかはマイ・ベイビー』（2019年）もそうだけど、女が男より仕事を選ぶ時代の到来だよ。2020年代は「私と仕事、どっちが大事なの!?」を男が言う時代になるんだろうな。もしかしたら、ネイトはマーカスと同じく〝地元離れたくない病〟だったりして（笑）。ところで、タイトルの「サムワン・グレート」って誰のことを指しているんだろう。だって、「私はサムワン・グレートを探しているの」みたいな印象的なセリフはなかったでしょ？　〝Looking for Someone Great（誰か素敵な人を探してる）〟じゃないってことだよね。

高橋　うーん、自分自身ってことなのかな？

スー　なるほどね、〝To be Someone Great〟なのか。優等生のブレアには優等生のパートナーがいたけど、うまくいっていると思ったのに結局は……。でもあの晴れがましい笑顔を見る限り、ふたりとも「お互いのことは憎からず思っているが、ふたりの関係性はもう好きじゃない」みたいな感じなんだろうな。これもすごくリアリティがあると思った。つまり、嫌いじゃないけど同じ人生を一緒に歩む熱意は消えたってことよね。特に大きな問題もないふたりがそれを認めるのって難しいよ。相手や自分自身を受け入れるのって、とても難しいこと。

高橋 いや本当に。さらっと描いていたけど、あのふたりの別れのシーンは切なかったよ。もう情熱が消えてしまったら、ああやってシビアに割り切った方がお互いの未来にとってはいいのかもしれないけどさ。なんかため息出るわ。

スー 「サムワン・グレート」をツイッターで検索したら、年頃の女の子にとっては号泣系らしい。我々のような中年には「自己受容とは⁉」といった別のイシューが透けて見えてくる作品。そして昔を思い出し、しんみりジンワリする映画だな(笑)。

愛される価値などないと、自分で勝手に決めた女たちへ

『ロマンティックじゃない？』（アメリカ・2019年 Netflixオリジナル映画）

story

母親にラブコメの理想を打ち砕かれてから、恋愛に夢を抱かなくなった建築家のナタリー。ある日、地下鉄のホームで頭を強打し気を失ってしまう。そして目を覚ますと周囲が一変。なんと彼女は、大嫌いなラブコメ映画の世界に迷い込んでしまっていた。ラブコメのお約束展開に巻き込まれてうんざりし元の世界に戻るべく奔走するが……。

出演：レベル・ウィルソン、リアム・ヘムズワース、アダム・ディヴァイン
監督：トッド・ストラウス＝シュルソン
脚本：エリン・カルディッロほか

スー 始まってからの12分は必見。ラブコメ映画に染まれない女のすべてが怒濤の如く押し寄せてくる。ナタリー（レベル・ウィルソン）は「どうせ私には素敵なことなんて起こらない」と不貞腐れるじゃない？　彼女の文句はいちいち的を射てて笑っちゃうんだけど、自分は愛されない存在だと決めつけた女の抱える悲しみでもあるんだよね。「人生は辛いからこそラブコメ映画があるんだ」というようなことをナタリーのアシスタントのホイットニーが言っていたけど、本当にそうだしね。

高橋 ホイットニーはラブコメ映画が大好きで仕事中にこっそり観ていたりするほどなんだけど、冒頭の彼女とナタリーによるラブコメ映画の是非をめぐる攻防が楽し

くていきなり引き込まれちゃった。ここ、往年のラブコメ映画のタイトルが飛び交ったりして最高だから好事家《こうずか》の皆さんは必見。「ラブコメ映画は社会の害毒」と主張するナタリーのラブコメ批判も痛快で、これは以降の展開の強烈な前振りにもなってる。

スー ゲラゲラ笑っていると、何分かに一回は、グッとみぞおちを蹴られるようなセリフがくる。ナタリーがラブコメ映画の世界に紛れ込んでしまった直後に「特別な人として扱われると居心地が悪い」って言うんだよね。現実社会では「なんで私は特別な人扱いされないんだ」と悔しい思いをしてたのに、実際に自分がそう扱われ始めると、とてもじゃないけど受け止めきれない。こんな世界は信じられないってなるあの感じ、スネに傷持つ女なら誰でも覚えがあるんじゃないですかね……。

高橋 「現実は悲しいことが多い。なんとか笑顔で目覚めても、ニュースを見ると落ち込むようなことばかり。だけど『メラニーは行く！』（2002年）を観ると笑顔になれる」ってセリフがあったね。『メラニーは行く！』を観ると笑顔になれるかどうかはともかく（笑）、これは僕らが提唱してきたラブコメの醍醐味とほぼ一緒。ただ、今のご時世からするとナタリーの「ハッピーエンドなんて大嫌い。だってそこで終わりじゃないから」という言い分も説得力アリアリなんだけどね。

外見だけでない、美しさの定義

高橋　今回のナタリーもそうだけど、とにかくラブコメ映画の主人公は都合よく頭をぶつける（笑）。そういうところからして非常にメタ的。同時に、「理想的なヒロイン」とされるキャラクターからの解放もテーマのひとつになっている。ヒーロー映画のほうが一足早く呪縛からの解放を描いていたよね。等身大のままヒーローになってもいいんじゃない？って。『キック・アス』（２０１０年）や『デッドプール』（２０１６年）を始め、ヒーローにもヒーローではない人と同じように格好悪いところがあると見せてくれた作品が多くある。

その波が、ラブコメ映画のヒロインにもようやく届いた感じ。たとえば「理想の男性とカップルになること」が幸せの第一条件ではなくなったり、ビューティフルの定義も変わってきている。脇役のコメディエンヌとしてじゃなく、ヒロインとしてエイミー・シューマーやレベル・ウィルソンが主演を務めるのが普通になってきたもんね。

スー　おっしゃる通り。そして、ナタリーがラブコメ映画の世界に飛んでってしまった時のあの衣装！　そりゃナタリーがテンションだだ下がりになるのも無理ないわ。

だってナタリーがラブコメ映画嫌いになったのは『プリティ・ウーマン』（1990年）のせいだもんね。自分もいつかは……って『プリティ・ウーマン』をうっとり観ていたのに、母親から「こんなのホンモノじゃない」とぺしゃんこにされてからの恨みつらみですよ。

高橋 その後の彼女に何があったのかは描かれていないけど、まぁ想像に難くないような。自分で自分に低い評価をつけてしまったがゆえに、世界がとても意地悪な場所に見えている人たちに勇気を与えるラブコメ映画だね。ラブコメ映画の新しい使命って、そういうことなのかもしれない。

その『プリティ・ウーマン』をはじめ、『恋人たちの予感』（1989年）だったり、おなじみのラブコメ映画のオマージュがこれでもかってぐらいふんだんに盛り込まれているんだけど、そういうラブコメの王道展開がいちいち笑いに変換されていくあたりは本当によくできてる。ラブコメのお約束の流れに巻き込まれそうになるたび、いちいちそれに抗おうとするナタリーのツッコミがまたおもしろくてさ。

スー ほんとほんと。あと、いつも部屋に花が飾ってあるとか、アパートの下に可愛いカップケーキ屋さんがあるとか、そういうラブコメ映画の定型ってあるじゃない？ああいうのって、いわば「ラブコメウォッシュ」された世界だって思ったわ。主にハリウッド映画では、現実に則さない比率で白人俳優を登場させたり、非白人の役柄に白人俳優を配役したりすることを「ホワイトウォッシュ」と言うじゃないですか。それと同じで、現実に則さない比率で極端にラブコメ映画的な演出がなされた世界は「ラブコメウォッシュ」されてるわけですよね。ナタリーはそれにイライラしっぱなし。

高橋　それでブチギレてカース・ワード（テレビや公共の場で言ってはいけない言葉）を言ってもピー音でかき消されたりね。徹底したラブコメウォッシュぶり（笑）。

どこに視点を置くかで、世界の見え方は変わってくる

スー　ツッコミ多発のコメディとしても秀逸だよね。カラオケスナックでナタリーが歌い出すと、他のお客さんたちも自然発生的に踊り出すんだけど、「なんでみんなフリを覚えているの？」とナタリーが訝しがったりして。みんなが思ってて、心のなかにしまってること、本来ならオーディオコメンタリーでつっこむようなことを、全部ナタリーがその場でつっこむのがおもしろかった。そうやってメタ的に茶化すんだけど、ヴァネッサ・カールトンの「A Thousand Miles」が流れるとキュンとしてしまったり、ベタな展開に感情が動かされたりするわけです。うま

いなぁと思いました。

高橋 うん、まさに「A Thousand Miles」の選曲なんかは本気半分イジワル半分みたいなところがあったけど、そのへんのバランスの取り方がうまいんだよね。それは作り手のラブコメ愛に裏打ちされたものでもあるんだろうな。

スー 「ご都合主義は承知の上だけど、やはりラブコメ映画は素晴らしい！」という作り手のメッセージを感じるよ。ナタリーがブレイクとアイスクリーム屋に忍び込んでお互いの好きなフレーバーを言い合うシーンなんて、ご都合主義の極みだけどやっぱりキュンとしてしまう。

高橋 派手さには欠けるもののラストシーンが秀逸だったね。同僚のジョシュ（アダム・ディヴァイン）が寄せる思いにようやくナタリーが気づくんだけど、そこに至る流れがもうめちゃくちゃ洒落ていて。このオチって、どこに視点を置くかで世界の見え方はぜんぜん変わってくるんだっていうことを示唆してる。ちょっと角度を変えて世の中を眺めてみたら、思いもよらぬ光景が広がっている可能性は十分にあるってこと。この流れだったら、あれだけ恋愛に醒めたスタンスをとっていたナタリーがもう一度ロマンスを信じてみようと考えを改めても違和感ないよ。ホイットニーはラブコメの魅力を「人生は美しくて愛に満ちたものにできると気づかせてくれる」と評していたけど、まさにそんな気持ちにさせられる納得のエンディングだったな。

スー　ラブコメ・リテラシーを持つ人にとっては笑いどころ満載のよくできた作品。一方、ラブコメ映画の気に入らないところを主人公のナタリーが全部口に出して言ってくれるから、ラブコメ映画が苦手な人も息苦しくなく観られると思う。つまりみんなにオススメ！

ラブコメ史上最高のサウンドトラック

高橋芳朗

ラブコメディ史上最高のサウンドトラックを選ぶとしたら？　真っ先に思い浮かぶのは、なにからなにまでエポックメイキングなラブコメ映画の金字塔『恋人たちの予感』（1989年・100ページ）。この傑作の軽妙洒脱なイメージを決定づけているのはウィットに富んだ会話と四季折々のマンハッタンの美しい風景、そしてなんといっても「フランク・シナトラの再来」と謳われたハリー・コニックJr.が歌い奏でる数々のジャズスタンダードでしょう。

ロブ・ライナー監督は『恋人たちの予感』の劇中で使う音楽について、もともと明確なビジョンを持っていたようです。マンハッタンを舞台にした現代のラブストーリーでありながらタイムレスな雰囲気を打ち出したいと考えていた彼は、かつてジンジャー・ロジャースも歌った「It Had to Be You」やジョージ・ガーシュウィン作曲の「Love Is Here to Stay」など、ジャズスタンダードこそがこの映画にふさわしいと考えていました。

ちょっと話が逸れますが、興味深いのはロブがジャズスタンダードのサンプルとして引き合いに出した「It Had to Be You」と「Love Is Here to Stay」が共にニューヨークを舞台にしたウディ・アレンのラブコメディでも使われている事実です。前者は『アニー・ホール』(1977年)、後者は『マンハッタン』(1979年)。『恋人たちの予感』は公開直後からウディ・アレンの監督作品と比較されていたようですが、それはこうしたスタンダード使いとその選曲に起因しているところもあるのでしょう。

そしてロブは『恋人たちの予感』の撮影が終わりに近づいていたある日、温めていた音楽のアイデアをたまたま一緒に昼食をとっていた友人、ブラッド・スウェット&ティアーズのボビー・コロンビーに打ち明けます。すると、当時コロンビア・レコードの役員を務めていた彼は思いがけない提案をしてきました。「君が撮っている映画にぴったりな男を知ってるよ。ハリー・コニックJr.というニューオーリンズ出身の素晴らしいジャズシンガーで、スタンダードばかり歌っているんだ。まだ21歳だが、彼ならその映画にばっちりだ。あとで何本かテープを送っておこう」

その夜、さっそく届いたテープを宿泊先のホテルで再生したロブは、若き日のフランク・シナトラを彷彿させるハリーの歌声に衝撃を受けてすぐさまボビーに連絡。どうしても彼をサウンドトラックに起用したいと訴えました。ロブは『恋人たちの予感』を「人はいかにして人と出会うかを描いた映画」と説明していますが、彼とハリーとの邂逅《かいこう》はまさに運命の糸に導かれたかのようです。

ハリーをフィーチャーした『恋人たちの予感』のサウンドトラックは、映画のヒットもあいまって全米で200万枚のセールスを記録。第32回グラミー賞では最優秀ジャズボーカルパフォーマンス賞を受賞しました。ロブの意向から抑え気味のアレンジで演奏されたハリーの楽曲群はラブコメ映画のサントラとしてはもちろん、優れたジャズアルバムとしても見事に成立している点が画期的でした。

『恋人たちの予感』がのちのラブコメに及ぼした音楽的影響は、新旧さまざまなシンガーによるジャズスタンダードで占められている『めぐり逢えたら』（1993年）、主に1950〜1960年代の女性ジャズボーカルで統一した『KiSSing ジェシカ』（2002年）などのサウンドトラックからうかがえますが、究極的にはジャズ云々を超えてラブコメ映画における音楽の在り方自体を変えてしまったところがあるように思います。『恋人たちの予感』という映画は、正真正銘のゲームチェンジャーなのです。

文庫版特別収録

「ひとりの良さ」と「他者と生きること」について

story

『シングル・イン・ソウル』（韓国・2023年）

ソロ活好きで気ままなシングルライフを楽しむ、カリスマ塾講師&人気インフルエンサーのヨンホ。出版社の有能な編集長でありながら、ひとりでいることが苦手で恋愛に関しては妄想癖のあるヒョンジン。作家と編集者として出会ったふたりは、ライフスタイルも価値観も何もかも対照的。本をめぐって事あるごとに対立するが、企画が進むにつれて一緒に過ごす時間も悪くないと思い始め……。

出演：イ・ドンウク、イム・スジョン
監督：パク・ポムス
脚本：イ・ジミンほか

スー　シングルの生活だけでなく、他者と人生を共にすることについて、エンタメ要素たっぷりながら大事なことをしっかり伝えてくれる作品で素晴らしかった！　テーマもしっかりしているし、話の筋にも無駄がない。カメラワークや色調といった映像、セリフ、すべてクオリティがとても高くて感激したよ。

高橋　大好きな韓国映画『建築学概論』（2012年）の製作チームが関与しているということで興味を惹かれたんだけど、これはまぎれもない傑作でしょう。スーさんが指摘している通り、とにかく無駄がない。ライトな感覚で楽しめるんだけど、構成自体はめちゃくちゃタイト。

スー　作品として、物語の基礎がすごくしっかりしてるよね。作りが重層的で、韓国の古い慣習に対する疑問と抵抗がふとしたセリフに垣間見れたり。上映時間は一時間半ちょっとで短いんだけど、どんどん展開していくさまも素晴らしい。展開は限りなくベタで、だからこそ際立つウェルメイド感。

高橋　韓国ラブコメ然としたチャームもしっかり保たれているんだよね。当初は敵対していたふたりが次第に心を通い合わせていく、なんて定番設定を現代的な問題意識を交えてまとめ上げた手際は本当にお見事！

スー　険悪な出会いから始まるのは定番中の定番だもんね。基本をすべて押さえたうえで、新しいものを見せてくれるというか。ステレオタイプな悪い人が誰も出てこないのは最近のラブコメ的でもあるね。

高橋　韓国の新しい世代の新しい価値観を積極的に打ち出していこう、という志がこの映画をフレッシュにしているところも確実にあると思う。韓国は日本に比べて「おひとりさま」や「ぼっち」に対して厳しいイメージがあったけど、そういう状況もだいぶ見直されつつあるんだろうね。

スー　ソロ活が日本より大変なのは知らなかった！　でも、それを好む人が増えてきたからこそ、本作が共感を呼んだってことだよね。

高橋　うん。ヨンホ（イ・ドンウク）が執筆する、物語の軸になるエッセイ『シングル・

イン・ザ・シティ』(都市に住むシングル)自体が新しいライフスタイルの提案として企画されたものなんだろうな。

誰もがみなひとりでは生きられない

スー　あまりにも感激したから繰り返すけど、この作品には本当に無駄がないのよ。登場人物の構成、展開、テーマ、物語の進行にも無駄がない。一切の中だるみを感じなかったわ。「本はひとりでは作れない」という物語の筋に、「人はひとりでは生きられない」という大テーマを重ね合わせているのも美しかった。

高橋　映画が始まってすぐにヒョンジン(イム・スジョン)の編集者としての矜持が「本はひとりでは作れない」であることが示されるんだよね。そんな彼女の前に「ひとりでもいい」ではなく「ひとりだからいい」を提唱するヨンホが現れる。彼のモットーはヒョンジンと対照的に「人間関係は最低限でいい」。

スー　ヨンホがシングルを礼賛する理由として、職場でも家でも人は常に何かの役割を担っているから、そこから解放されるひとりの時間が必要だと語っているけれど、それは本当にその通り。でも、だからと言ってひとりでは生きていけないのよね。ヨンホは「人と関わらなくてすむ仕事がしたいから物書きになりたい」と言っていたけれど、ヒョンジンとの仕事のやりとりを通して、本はひとりでは作れないと徐々に悟っていく。

高橋　そう、ヨンホは最終的に「ひとりで生きていくこと」を「関係にとらわれすぎず放棄もしないこと」と定義づけるからね。

スー　反目し合っていたふたりが同じ目的に向かって頑張っているうちに互いへの好意に気づく……はラブコメのド定番だけど、それだけで終わらせないのが本作の大きな魅力。中盤からヨンホの元カノの作家ホン（イ・ソム）が現れて、不愛想でクールなヨンホには切ない過去があることがわかってくる。ホンの登場で、ヨンホのキャラクターに立体感が出てくるよね。

高橋　ヨンホの過去の恋愛が語られるなかで、なぜ彼がシングルライフに魅力を見出していったのかも明らかになっていく。「おひとりさま」を謳歌するヨンホの『華麗なるギャツビー』（2013年）オマージュもばっちり決まっていたね。

スー　ヨンホは理路整然とシングル生活の利点を語るけれど、実は忘れられない元カノがいたことが判明して、そこからの物語のドライブ感も見もの。カップルの始まりと終わりを描いた映画『ブルーバレンタイン』（2010年）並みに、愛し合っていたふたりの記憶が違いすぎる件！

高橋　『ノルウェイの森』と『20世紀少年』をめぐるヨンホとホンの恋の「真実」が明

らかになるくだりには思わず声が出ちゃったよ。またホンがヨンホから離れていった理由が「ひとりで生きること」に大いに関係してくるあたりが巧妙で。彼女はヨンホに「賞を取ったらお前の人生の責任を取る」と言われたことで「自分は誰かに責任を負わせる存在なのか？」と考えるようになるんだよね。そして「自分のことは自分で責任を負いたかった」からヨンホとの別れを決意すると。

スー あれもびっくり。韓国の昔ながらの男女の捉え方って、日本のそれよりもずっと強固なんだね。ヨンホも古い価値観に染まっていたってことが、あのセリフでわかる。一方で、男なら彼女のために何かしないといけないと思っていたヨンホが、シングルになって自分のために時間を使う楽しさを知った描写もテンポがよく素晴らしかった。映画館のポップコーンを例にとって自由を示すのも非常にうまいなと思った。あとヨンホのシングル名台詞「俺に合う人は俺だけ」っていうのも唸ったね。

高橋 いまの話で改めて痛感しているけど本当に無駄がないな。わずかな出番しかないヒョンジン父の再婚相手のセリフにまで意味がある。

韓国社会での女性や若者の生きづらさ

スー　ひとつの場面にいくつも情報がある。ヨンホの自宅には椅子もマグカップもひとつしかないとか、そういう丁寧なディテールの積み重ねでシングル生活が描写されていて、とってつけた感がないのよ。でも、ラブシーンはめちゃめちゃアメリカのラブコメルックだったね。マンハッタンみたいな夜景を背景に！　そういう点ではしっかり濃厚にラブコメ作品です。無駄のなさは体脂肪率8％くらいの勢いだけど、ディテールの筋量はすさまじい。完璧なラブコメでありながら、粗のなさは『ラブ・アクチュアリー』（2003年）や『アバウト・タイム～愛おしい時間について～』（2013年）を手掛けたリチャード・カーティス並みだと思ったわ。

高橋　そんなラブコメ仕草のなかにさらっと韓国社会での女性や若者の生きづらさを入れ込んでくるから侮れない。ヒョンジンがお父さんに「ご飯用意してよ」とお願いすると彼は「娘の食事を用意するとからかわれる」と言って拒んだけど、それを受けてヒョンジンが「優しいって褒められるわ」と切り返したりね。ヒョンジンの会社仲間との飲み会で象徴的に登場する「爆弾酒」の描写でも上司からの酒の強要や旧来的なしきたりに対する静かな抵抗が感じられる。

スー　わかるわかる。繰り返しになるけど、無駄のなさは本当に特筆すべき点。ちょっとしか出てこないけれど、ヒョンジンの女友だちがヒョンジンの恋愛観の危うさをちゃんと教えてあげる役割をしていたのもよかった。映像もスタイリッシュだしね。

高橋　音楽も気が利いていて、メインテーマとして使われているのは2024年の『SUMMER SONIC』のステージに立った兄妹デュオAKMUの「Last Goodbye」（2017年）。ヒョンジンとヨンホが心を通い合わせるひとつのきっかけになる韓国産シティポップのキム・ヒョンチョル「It's Been a While」（1989年）も印象的だったな。

スー　作り手のこだわりが随所に感じられるね。ところでこの作品、実はヨンホの成長物語だよね。

高橋　ヨンホはホンとの再会を通して作家としての心得も学んでいくからね。彼女の「傷を隠したまま作家になれるとでも？」という問い掛けは何らかの創作活動を行なっている人なら身にしみてわかるはず。こんな具合に次から次へとグッとくるセリフが繰り出されるのに加えて、スーさんが言っていた通りディテールの積み重ねがとにかく丁寧だから、物語が進行していくに従ってなにげないセリフやシーンの余韻がどんどん深くなっていく。最後、ヨンホがヒョンジンにかけるなんでもない言葉の味わい深さったらない。さっきから執拗に「無駄がない」と繰り返しているけど、100分の尺でこの密度はロマンティックコメディの鑑と言っていいと思うよ。

ラブコメ映画カタログ

何でも言い合えるセックスは最高！　だけど、セフレから本命に昇格はありえない……

『ステイ・フレンズ』

腕利きのアートディレクターのディランは、人材コンサルタントのジェイミーの仲介でニューヨークへの転職を決意。出会いはヘッドハンティングだが、会話を重ねるうちにふたりは友人として付き合うように。そんなある日、ジェイミーのひと言からセフレの関係へ。純粋にセックスを楽しんでいるうちにふたりの間に変化が生まれるが……。

出演：ジャスティン・ティンバーレイク、ミラ・クニス、パトリシア・クラークソン
監督：ウィル・グラック　**脚本**：ウィル・グラックほか　**製作・公開**：アメリカ・2011年

恋愛がうまくいかないと悩んでいる女性必見！　あなたの“ウザい”がそこにあるかも

『10日間で男を上手にフル方法』

女性誌の編集者アンディは、フラれる体験をコラムにする企画を担当することに。実験台に選んだのは広告マンのベン。10日間でフラれようと、ベタつく・拗ねる・わがままを言う、などの行動にでるアンディ。ところが、ベンは「君に夢中だ」のひと言。実は彼も大きな仕事を任せてもらうために恋人が必要だったのだ。ふたりの恋の行方は!?

出演：ケイト・ハドソン、マシュー・マコノヒー、キャスリン・ハーン、アダム・ゴールドバーグ
監督：ドナルド・ペトリ　**脚本**：クリステン・バックリーほか　**製作・公開**：アメリカ・2003年

「子どもと仕事」、その悩みをパートナーと共有することの難しさが浮き彫りになる

『噂のモーガン夫妻』

敏腕弁護士のポールと不動産会社社長のメリルは、ニューヨークで注目のセレブ夫妻。しかし、夫のポールの浮気が発覚し、離婚の準備中。そんなふたりが殺人事件の現場を目撃してしまった！　FBIの“証人保護プログラム”により、ワイオミングで身を隠すことになったが……。都会から離れ自然のなかで過ごすふたりの仲に変化は訪れるのか？

出演：ヒュー・グラント、サラ・ジェシカ・パーカー、サム・エリオット、
　メアリー・スティーンバージェン
監督：マーク・ローレンス　**脚本**：マーク・ローレンス　**製作・公開**：アメリカ・2009年

ラブコメ映画カタログ

がむしゃらに働いている生真面目な女にとっては、まるでホラー映画のよう……

『男と女の不都合な真実』

アビーは美人の敏腕《びんわん》TVプロデューサーだが、恋愛はご無沙汰。理想の男性コリンに出会うも、なかなか関係を進展できずにいた。そんな彼女の前に現れたのは、下世話なトークが売りの恋愛パーソナリティ、マイク。一緒に仕事をすることになり、さらにはマイクがアビーの恋をも手助けすることに。戸惑いながらも彼に従っていくが……。

出演：キャサリン・ハイグル、ジェラルド・バトラー、エリック・ウィンター
監督：ロバート・ルケティック　**脚本**：ニコール・イーストマンほか　**製作・公開**：アメリカ・2009年

恋愛処世術の重要事項は「女のように振る舞って男のように考えろ」

『魔法の恋愛書』

個性豊かな４人の男性がそれぞれの恋に奮闘する姿を描く群像劇。プレイボーイのジーク、マザコンのマイケル、夢見がちなドミニク、無職のジェレミーは親友同士。４人はそれぞれ恋愛中だったが、恋愛バイブル「魔法の恋愛書」を読んだ相手の女性たちが、本のアドバイスを実践することで彼らを意のままに操るようになってしまう……。

出演：ケヴィン・ハート、ミーガン・グッド、ロマニー・マルコ、タラジ・P・ヘンソン
監督：ティム・ストーリー　**脚本**：キース・メリーマンほか　**製作・公開**：アメリカ・2012年

情けない自分を認める。そして、叶えたい夢があるならば、とことんあきらめない

『ラブソングができるまで』

1980年代に一世を風靡したポップスターのアレックスは、過去の栄光を引きずったまま、成長も進歩もない毎日を送っていた。そんな彼のもとに若者から絶大な人気を誇る歌姫から楽曲提供の依頼が！　ある日、作家志望のソフィーが口ずさんだフレーズを気に入ったアレックスは彼女に作詞を依頼する。果たしてふたりの共作は生まれるのか。

出演：ヒュー・グラント、ドリュー・バリモア、ブラッド・ギャレット、ヘイリー・ベネット
監督：マーク・ローレンス　**脚本**：マーク・ローレンス
製作・公開：アメリカ・2007年

コンプレックスがあっても、自分自身をちゃんと受け入れることが大切だと知る

『愛しのローズマリー』

父親の遺言を守って外見の美しい女性だけを追い続けてきたハルは、ある日エレベーターに乗り合わせた自己啓発セミナーの講師から内面の美しい女性が美人に見えるようになる催眠術をかけられる。その直後、彼は街で見かけた太った女性ローズマリーに一目惚れ。本当の彼女の姿を知らないまま猛烈なアタックを開始したハルだったが……。

出演：ジャック・ブラック、グウィネス・パルトロウ、トニー・ロビンズ、スーザン・ウォード
監督：ファレリー兄弟　**脚本**：ファレリー兄弟ほか　**製作・公開**：アメリカ・2001年

ラブコメ映画の王道は「容姿よりも気が合う相手のほうがいい」という性善説

『ウソツキは結婚のはじまり』

独身にもかかわらず、偽の結婚指輪をちらつかせ一夜の恋愛を楽しむ整形外科医ダニーは、休暇中のハワイで理想の女性パルマーと出会う。本気で惚れたため、指輪を隠しデートを楽しんでいたが、パルマーに指輪を見られてしまった。ダニーは彼女に既婚だと嘘をつき、職場の助手・キャサリンに離婚間近の妻を演じてほしいと懇願するが……。

出演：アダム・サンドラー、ジェニファー・アニストン、ブルックリン・デッカー、ニコール・キッドマン
監督：デニス・デューガン　**脚本**：アラン・ローブほか　**製作・公開**：アメリカ・2011年

20年前の「男たるもの」は現代では到底通用しない？　時代で変わる社会規範

『40歳の童貞男』

家電量販店で働くアンディは平凡ながらも充実した毎日を送っていたが、同僚のデビッドに誘われたポーカーの席で40歳にして童貞であることがバレてしまう。翌日から、さっそく同僚たちによる“アンディ童貞卒業作戦”がスタート。そんななかアンディは向かいの店で働くトリシュと急接近するが……彼は“脱”童貞することができるのか？

出演：スティーヴ・カレル、キャサリン・キーナー、ポール・ラッド、セス・ローゲン
監督：ジャド・アパトー　**脚本**：ジャド・アパトーほか
製作・公開：アメリカ・2005年

ラブコメ映画カタログ

粗さの中に突如出てくる人間の機微に感動する、語り継ぎたいカルトラブコメ

『バツイチは恋のはじまり』

歯科医のピエールと同棲中のイザベルは交際10年の節目に結婚を考えるが、彼女の家には代々伝わる「最初の結婚は必ず失敗する」というジンクスがあった。彼との結婚を成功させるために「まずバツイチにならなくては」と思い立ったイザベルは、お調子者の旅行雑誌の編集者ジャン=イヴを標的に定めてとんでもない婚活計画を企てるが……。

出演：ダイアン・クルーガー、ダニー・ブーン、ロベール・プラニョル、アリス・ポル
監督：パスカル・ショメイユ　**脚本**：ローラン・ゼトゥンヌほか　**製作・公開**：フランス・2012年

9.11テロの印象を払拭。マンハッタン再生のおとぎ話であるロマンティックコメディ

『セレンディピティ』

クリスマスの買い物客で賑わうデパートで、偶然に同じ商品の手袋へと手を伸ばしたジョナサンとサラ。ふたりは譲り合っているうちに惹かれ合うものを感じて“素敵な偶然”という名のカフェ“セレンディピティ 3”でお茶をすることに。その後一旦別れたものの、2度目の偶然の再会によって共に運命めいたものを感じ始めていたが……。

出演：ジョン・キューザック、ケイト・ベッキンセイル、ブリジット・モイナハン、ジョン・コーベット
監督：ピーター・チェルソム　**脚本**：マーク・クライン　**製作・公開**：アメリカ・2001年

人種や性別で嫌な思いをするシーンがない！　ポリコレの最新バージョンに“今”を見る

『セットアップ　ウソつきは恋のはじまり』

有名スポーツ記者のアシスタントを務めるハーパー。同じビルにオフィスを構える大物投資家の部下チャーリー。ボスからの理不尽な要求に振り回され、仕事に追われる毎日に嫌気がさしたふたりは、互いの上司を恋人同士にしてしまえば自分たちに自由な時間ができるはずと意気投合。結託して上司をくっつけようと策略をめぐらすが……。

出演：ゾーイ・ドゥイッチ、グレン・パウエル、ルーシー・リュー、テイ・ディグス
監督：クレア・スキャンロン　**脚本**：ケイティ・シルバーマン
製作・公開：アメリカ・2018年（Netflixオリジナル映画）

1809年のフランスを舞台にしたラブコメに、現代の“男らしさの象徴”を見る

『英雄は嘘がお好き』

舞台は1809年のフランス。裕福なボーグラン家の長女エリザベットには、帰らぬ婚約者ヌヴィル大尉を待つ健気な妹がいた。彼女を気の毒に思ったエリザベットは、差出人をヌヴィルと偽り自分で書いた手紙を妹に出し続ける。そしてヌヴィルを戦地で亡くなったことにして3年が経ったある日、なんと偶然彼に遭遇してしまうのだが……。

出演：ジャン・デュジャルダン、メラニー・ロラン、ノエミ・メルラン、クリストフ・モンテネーズ
監督：ローラン・ティラール　**脚本**：ローラン・ティラールほか　**製作・公開**：フランス・2018年

成功してから感じる「人生は勝ち負けじゃなくて幸せかどうか」ということ

『イエスタデイ』

売れないシンガーソングライターのジャックが音楽で有名になる夢をあきらめた日、世界規模で原因不明の大停電が発生。暗闇の中で交通事故に遭った彼が昏睡状態から目を覚ますと、なんとそこはビートルズが存在しない世界だった。彼は記憶を頼りにビートルズの楽曲を自らの作品として発表。徐々に世間からの注目を集めるのだが……。

出演：ヒメーシュ・パテル、リリー・ジェームズ、エド・シーラン、ジョエル・フライ
監督：ダニー・ボイル　**脚本**：リチャード・カーティス　**製作・公開**：イギリス・2019年

LGBTQ＋ラブコメの先駆け？　自分の性的指向の揺らぎを描いた女性の物語

『KiSSingジェシカ』

28歳の独身女性ジェシカは、運命の相手を探してお見合いを重ねるも、これぞという男が見つからない。母親からも結婚を急かされ焦り始めたある日、リルケの詩を引用した新聞の恋人募集広告に心奪われる。しかし、それは女性による「女性の恋人募集」だった。それでも、思い切って広告主であるヘレンと会うことを決意するが……。

出演：ジェニファー・ウェストフェルト、ヘザー・ジャーゲンセン、スコット・コーエン
監督：チャールズ・ハーマン=ワームフェルド　**脚本**：ジェニファー・ウェストフェルトほか
製作・公開：アメリカ・2001年

ラブコメ映画カタログ

永年愛される名作。「理由なんかないのが運命」、それがラブロマンス

『めぐり逢えたら』

シアトルに住む建築家のサムは最愛の妻を亡くしたばかり。そんな父を励まそうと8歳の息子ジョナが、ラジオ番組に「寂しそうなパパに新しい奥さんを見つけて」とリクエストする。その放送を聴いて心を動かされたのが、ボルチモアの新聞記者アニー。彼女は婚約者がいるにもかかわらず、サム宛てにラブレターを送る……。

出演：トム・ハンクス、メグ・ライアン、ビル・プルマン、ロブ・ライナー
監督：ノーラ・エフロン　**脚本**：ノーラ・エフロンほか
製作・公開：アメリカ・1993年

再び情熱が欲しい妻に対し夫は……。結婚31年目の夫婦の“リアルな”心のすれ違い

『31年目の夫婦げんか』

変わりばえのしない毎日を送る夫婦、ケイとアーノルド。もう一度人生に輝きを取り戻そうと思い立ったケイは、アーノルドを無理矢理1週間の滞在型セラピーへと連れ出す。そこでカウンセラーからさまざまな“宿題”を課されて驚くケイは、次第にため込んでいた感情を吐き出していき、アーノルドも本心を打ち明け始めるが……。

出演：メリル・ストリープ、トミー・リー・ジョーンズ、スティーヴ・カレル
監督：デヴィッド・フランケル　**脚本**：バネッサ・テイラー
製作・公開：アメリカ・2012年

「もし、あのとき別の道を進んでいたら……」そう思わずにはいられない危険なラブコメ

『今宵、212号室で』

大学教員のマリアは、結婚20年になる夫リシャールとパリのアパルトマンでふたり暮らし。“家族”になってしまった夫には内緒で、マリアは浮気を重ねていたが、リシャールにバレてしまう。彼と距離を置くため、マリアは一晩だけアパルトマンの真向かいにあるホテルの212号室へ。そこに現れたのは、なんと20年前のリシャールだった！

出演：キアラ・マストロヤンニ、ヴァンサン・ラコスト、バンジャマン・ビオレ、カミーユ・コッタン
監督：クリストフ・オノレ　**脚本**：クリストフ・オノレ
製作・公開：フランス／ルクセンブルク／ベルギー・2019年

アル・パチーノとミシェル・ファイファー主演で大人の孤独を描く

『恋のためらい フランキーとジョニー』

詐欺罪で服役していたジョニーは出所後、妻子と別れてダイナーでコックとして働くことに。やがて彼は、同じ店で働くウエイトレスのフランキーに心惹かれ始め、熱心にデートに誘うが、断られてばかり。実は彼女は過去のつらい恋愛経験から二度と恋はしないと誓っていた。それでも、ジョニーと接していくうちに変化が現れて……。

出演：アル・パチーノ、ミシェル・ファイファー、ヘクター・エリゾンド、ネイサン・レイン
監督：ゲイリー・マーシャル　**脚本**：テレンス・マクナリー　**製作・公開**：アメリカ・1991年

大人になりきれない大人たちを、「それでもいいんだよ」と強く肯定してくれる

『15年後のラブソング』

博物館で働く30代後半のアニーは、長年一緒に暮らす恋人ダンカンと“安定”した毎日を送っていた。そんなある日、彼女のもとに一通のメールが舞い込む。送り主はダンカンが心酔する90年代に表舞台から姿を消した伝説のロックスター、タッカー・クロウ。タッカーとアニーはメールで連絡を取り合うようになり、ついに会う約束をする……。

出演：ローズ・バーン、イーサン・ホーク、クリス・オダウド、アジー・ロバートソン
監督：ジェシー・ペレッツ　**脚本**：エフジェニア・ペレッツほか　**製作・公開**：アメリカ／イギリス・2018年

バイオレンス描写に終始不穏なムード。だけど、ラブコメ要素はしっかり注入

『パンチドランク・ラブ』

倉庫街で事業を営むバリー。突然キレたり泣き出したりと、精神に問題を抱える彼の最近の関心事は食品会社のマイレージ特典を利用し飛行機に乗ること。そんなバリーはある朝、リナという女性に出会う。実は彼女、バリーの写真を見て一目惚れしたことから車の修理を口実に様子を見に来たのだった。やがてふたりは親密になっていくが……。

出演：アダム・サンドラー、エミリー・ワトソン、ルイス・ガスマン
監督：ポール・トーマス・アンダーソン　**脚本**：ポール・トーマス・アンダーソン
製作・公開：アメリカ・2002年

ラブコメ映画カタログ

何度も口説かれたいという願望が詰まった、日本でもリメイクされた王道作品

『50回目のファースト・キス』

獣医師のヘンリーは、一夜の恋を楽しむプレイボーイ。そんな彼がカフェで出会ったルーシーに一目惚れ。ふたりは意気投合し、翌日も同じカフェで会う約束をしたものの、再会してもルーシーはヘンリーのことを覚えていない。実は彼女、交通事故による記憶障害で前日までの出来事をすべて忘れてしまう後遺症を負っていたのだった。

出演：アダム・サンドラー、ドリュー・バリモア、ロブ・シュナイダー、ショーン・アスティン
監督：ピーター・シーガル　**脚本**：ジョージ・ウィング　**製作・公開**：アメリカ・2004年

女性の心の声が聞こえるようになった男の物語を19年後に男女逆転させたリメイク版

『ハート・オブ・マン』

スポーツエージェントのアリは、男社会の業界で苦労を強いられてきた。“女だから”とナメられないよう奮闘する日々を送っていたある日、頭を強く打って気絶してしまう。そして目が覚めると、世の男性の心の声が聞こえるようになっていた。最初は戸惑いながらも、徐々にこの能力を駆使して男たちを出し抜こうと考えるようになり……。

出演：タラジ・P・ヘンソン、オルディス・ホッジ、エリカ・バドゥ、トレイシー・モーガン
監督：アダム・シャンクマン　**脚本**：ティナ・ゴードン・キスムほか　**製作・公開**：アメリカ・2019年

5館から2600館まで拡大公開！　全米を夢中にさせた実話を元にした物語

『ビッグ・シック ぼくたちの大いなる目ざめ』

パキスタン出身のアメリカ人コメディアン、クメイルは、シカゴのコメディクラブで出会った大学院生エミリーと付き合っていた。ある日、クメイルが同郷の花嫁しか認めない厳格な母親に言われるまま見合いをしていたことがエミリーにバレてふたりは別れることに。ところが数日後、エミリーが原因不明の病で昏睡状態に陥ってしまう……。

出演：クメイル・ナンジアニ、ゾーイ・カザン、ホリー・ハンター、レイ・ロマノ
監督：マイケル・ショウォルター　**脚本**：エミリー・V・ゴードンほか
製作・公開：アメリカ・2017年

男がめげずに女を求め続けることは、いつの時代も女が願うこと!?

『43年後のアイ・ラヴ・ユー』

妻を亡くした70歳のクロードは、ロサンゼルス郊外に住む元演劇評論家。隠居生活を謳歌していた彼は、昔の恋人で人気女優のリリィがアルツハイマーを患って施設に入ったことを知る。もう一度彼女に会いたいと思い立ったクロードは、なんとアルツハイマーのフリをしてリリィと同じ施設に入居するという“嘘”を実行することに。

出演：ブルース・ダーン、カロリーヌ・シロル、ブライアン・コックス、セレナ・ケネディ
監督：マルティン・ロセテ　**脚本**：マルティン・ロセテほか
製作・公開：スペイン／アメリカ／フランス・2019年

平均年齢74歳の女優たちが華麗に演じる「私たちとセックス」

『また、あなたとブッククラブで』

40年連れ添った夫を亡くしたダイアン、複数の男性たちとの関係を楽しむビビアン、離婚のトラウマに苦しむシャロン、そして熟年夫婦の危機に直面しているキャロル。長年の友人である彼女たちは日々悩みながらもライフキャリアを築き、４人で読書を楽しむ“ブッククラブ”を定期的に開催して交流を続けていたが……。

出演：ダイアン・キートン、キャンディス・バーゲン、ジェーン・フォンダ、メアリー・スティーンバージェン
監督：ビル・ホールダーマン　**脚本**：ビル・ホールダーマンほか
製作・公開：アメリカ・2018年

譲れない趣味と恋人、あなたならどちらを優先しますか？

『２番目のキス』

数学教師のベンは、生徒と共に社会見学として訪問した会社でバリバリ働くリンジーに一目惚れ。ベンが体調を崩したリンジーを介抱したことがきっかけで交際がスタートし、順調に関係を深めていた。しかし、ベンがボストン・レッドソックスの熱狂的なファンであることが判明！　シーズン開幕とともに徐々に問題が生じていき……。

出演：ジミー・ファロン、ドリュー・バリモア、ジェイソン・スペバック、ジャック・ケラー
監督：ファレリー兄弟　**脚本**：ローウェル・ガンツほか
製作・公開：アメリカ・2005年

ラブコメ映画カタログ

バレンタインデーに開催された、まるでハリウッド俳優たちの「かくし芸大会」

『バレンタインデー』

同棲中のモーリーに早朝プロポーズをしたフラワーショップの経営者リード、親友のリードのアドバイスで恋人のハリソンの出張先に押しかけようと思案している小学校教師のジュリア、初めて一夜をともにしたばかりのジェイソンとリズなど、10組のカップルのバレンタインデー当日をアンサンブル形式で見せていく群像劇。

出演：ジェニファー・ガーナー、ジェシカ・アルバ、アシュトン・カッチャー、アン・ハサウェイ
監督：ゲイリー・マーシャル　**脚本**：キャサリン・ファゲイト
製作・公開：アメリカ・2010年

「焦らなくていい。失った時間はいつでも取り戻せる」と教えてくれる

『１秒先の彼女』

郵便局で働くアラサー女子のシャオチーは何をするにもワンテンポ早い。ある日、ダンス講師とバレンタインデーにデートの約束をするも、朝になって目が覚めるとなぜか一日飛び越えて翌日に。その秘密を握るのは、毎日郵便局にやってくるワンテンポ遅いグアタイらしい。「消えた一日」を探し始めたシャオチーが見つけたものとは……!?

出演：リー・ペイユー、リウ・グァンティン、ダンカン・チョウ、ヘイ・ジャアジャア
監督：チェン・ユーシュン　**脚本**：チェン・ユーシュン　**製作・公開**：台湾・2020年

遠距離恋愛で悩むカップル必見！　離れていても大丈夫な秘訣がここに

『遠距離恋愛 彼女の決断』

ニューヨークで暮らすギャレットは恋人と別れたばかり。ある日、バーで知り合ったエリンと意気投合し、お互い軽い気持ちで一夜を共にする。６週間後、エリンは新聞社でのインターン生活を終えて自宅のあるサンフランシスコに戻ることになるが、このあいだにふたりの関係は真剣な交際へと発展。“遠距離恋愛”を始めることになるが……。

出演：ジャスティン・ロング、ドリュー・バリモア、クリスティーナ・アップルゲイト
監督：ナネット・バースタイン　**脚本**：ジェフ・ラ・テューリップ
製作・公開：アメリカ・2010年

思い込みの強い女たちに贈る、ラブコメ版『ベスト・キッド』

『そんな彼なら捨てちゃえば？』

いつも空回りしてしまい、一向に運命の相手に出会えないジジ、同居して７年になるのに結婚する気のないニールと本音を隠しつつも実は結婚したいベス、平穏な夫婦生活を送るも魅力的なアンナに惹かれていくベン。メリーランド州ボルチモアを舞台に、さまざまな事情を抱えた男女９人の恋模様が交錯していく。

出演：ジニファー・グッドウィン、ベン・アフレック、スカーレット・ヨハンソン
監督：ケン・クワピス　**脚本**：アビー・コーン
製作・公開：アメリカ・2009年

キャリア、年齢、出産……女のリアルをマンハッタンの高級アパートメントを舞台に描く

『ニューヨーク 最高の訳あり物件』

マンハッタンの高級住宅で暮らすモデルのジェイドは、デザイナーとしての華々しいデビューを計画していた。ところが、スポンサーでもある夫ニックから一方的に離婚を告げられる。傷心の中、夫の前妻マリアが突然家に転がり込んできて部屋の所有権の半分は自分のものだと主張する事態に。そしてふたりの共同生活がスタートする……。

出演：イングリッド・ボルゾ・ベルダル、カッチャ・リーマン、ハルク・ビルギナー
監督：マルガレーテ・フォン・トロッタ　**脚本**：パム・カッツ　**製作・公開**：ドイツ・2017年

一緒に年を重ねたいと思える相手こそが真のパートナーだと知る

『ウェディング・シンガー』

ウェディング・シンガーのロビーは、ある日ウェイトレスのジュリアと出会う。互いに結婚を控えていることがわかり意気投合。しかし、ロビーは結婚式当日に花嫁に逃げられてしまう。失意のどん底にいるロビーを元気づけるジュリア。次第にロビーは彼女の優しさに惹かれていくものの、ジュリアの結婚式は刻一刻と迫っていた……。

出演：ドリュー・バリモア、アダム・サンドラー、クリスティーン・テイラー、マシュー・グレイヴ
監督：フランク・コラチ　**脚本**：ティム・ハーリヒー
製作・公開：アメリカ・1998年

ラブコメ映画カタログ

過去は清算しておくべき!?　成功を手にした後に気づく、本当に大切なこと

『メラニーは行く！』

メラニーはニューヨークで活躍する若手デザイナー。新作コレクションの当日、市長の息子で恋人のアンドリューからプロポーズを受け、最高の喜びを手に入れていた。だが、ひとつだけ問題が！　実は彼女、故郷アラバマに、離婚に応じてくれない夫ジェイクがいたのだ。過去を清算するため、メラニーは数年ぶりに故郷へ帰るが……。

出演：リース・ウィザースプーン、ジョシュ・ルーカス、パトリック・デンプシー、キャンディス・バーゲン
監督：アンディ・テナント　**脚本**：C・ジェイ・コックス　**製作・公開**：アメリカ・2002年

誰だって幸せになれる！　いつも脇役だった女性がヒロインになるまで

『幸せになるための27のドレス』

花嫁付添い人として他人の結婚式を成功させることに生きがいを感じていたジェーン。クローゼットは付添い人用のドレスであふれている。そんな彼女が密かに思いを寄せるのは、優しい上司のジョージ。しかし、彼はジェーンの妹テスと知り合い、短期間の交際を経て結婚することに。そんな彼女の前に新聞記者のケビンが現れて……。

出演：キャサリン・ハイグル、ジェームズ・マースデン、エドワード・バーンズ
監督：アン・フレッチャー　**脚本**：アライン・ブロッシュ・マッケンナ　**製作・公開**：アメリカ・2007年

すれ違い続けても、運命の相手とは最終的には一緒になれるんだ！

『フォー・ウェディング』

英国在住の独身男チャールズは、モテるが結婚には消極的。ある日、友人の結婚式でアメリカ人女性キャリーに出会う。美しく聡明な彼女に一目惚れしてしまったチャールズは、強引なアタックでベッドインまで持ち込んだ。翌日、彼女は帰国し、再会したのはまたもや友人の結婚式。そしてなんとキャリーの隣には婚約者がいた……。

出演：ヒュー・グラント、アンディ・マクダウェル、クリスティン・スコット・トーマス
監督：マイク・ニューウェル　**脚本**：リチャード・カーティス
製作・公開：イギリス・1994年

シングルマザーの客室係と若き政治家の恋を描くスタンダードなシンデレラ・ストーリー

『メイド・イン・マンハッタン』

マンハッタンの五つ星ホテル、ベレスフォードの常連客は、ゴージャスなセレブリティばかり。上院議員候補のクリスは、このホテルのスウィートルームで、ドルチェ＆ガッバーナに身を包んだマリサと出会う。彼女の美しさと聡明さに、すぐさま夢中になるクリス。しかし彼は知らなかった、彼女がこのホテルで働く客室係であることを……。

出演：ジェニファー・ロペス、レイフ・ファインズ、ボブ・ホスキンス、ナターシャ・リチャードソン
監督：ウェイン・ワン　**脚本**：ケビン・ウェイド　**製作・公開**：アメリカ・2002年

超真面目でドジなドリュー・バリモアの魅力全開！　青春は取り戻せるのか？

『25年目のキス』

ジョジーは名門新聞社のコピー・エディター。真面目で仕事の腕前は申し分ないが、いまいちダサい。高校時代はいじめに遭い、25歳になるのに男性と付き合ったことも、ましてやキスしたこともない。そんな彼女が10代の実態のリポートを命じられる。いやいや17歳に化けて高校に潜入すると、前途多難な学園生活が待っていた。

出演：ドリュー・バリモア、マイケル・ヴァルタン、デヴィッド・アークエット、ジョン・C・ライリー
監督：ラージャ・ゴスネル　**脚本**：アビー・コーンほか
製作・公開：アメリカ・1999年

これぞマンハッタン！　これぞパワーガールズ！　あの傑作ドラマが映画でよみがえる

『セックス・アンド・ザ・シティ』

恋人ビッグとの関係が順調なキャリーは、作家として成功し、アシスタントを雇うまでに。また、友人のミランダ、シャーロットも幸せな日々を送っていた。一方、恋人で俳優のスミスとともにロサンゼルスに住むサマンサは、ニューヨークを恋しく思っていて……。人気テレビシリーズの映画版。ハッピーエンドを迎えた４人のその後を描く。

出演：サラ・ジェシカ・パーカー、キム・キャトラル、シンシア・ニクソン、クリスティン・デイヴィス
監督：マイケル・パトリック・キング　**脚本**：マイケル・パトリック・キング
製作・公開：アメリカ・2008年

ラブコメ映画カタログ

未練が残る恋人の愛を取り戻そうと躍起になっても、終わった恋は返ってはこない

『ベスト・フレンズ・ウェディング』

料理記者として活躍するジュリアンは、大学時代の恋人で今は親友のマイケルから結婚の知らせを受けて大ショック。相手はシカゴの富豪令嬢で20歳の大学生キミー。嫉妬に燃えるジュリアンは、何としてもこの結婚を阻止せねばと、彼の滞在先のシカゴに乗り込んだ。だが、キミーにいきなり花嫁の付添い人になってほしいと頼まれ……。

出演：ジュリア・ロバーツ、ダーモット・マローニー、キャメロン・ディアス、ルパート・エベレット
監督：P・J・ホーガン　**脚本**：ロナルド・バス　**製作・公開**：アメリカ・1997年

「恋愛成就だけが人生のゴールじゃない」「恋愛が成就するのは幸せ」の両方を味わえる

『恋するプリテンダー』

ビーはカフェで出会ったベンと最高の初デートをするが、行き違いにより燃え上がったはずの恋心が一気に凍りついてしまう。そんなふたりは数年後、共通の友人の結婚式で偶然再会。険悪ムードだったが、復縁を迫る元カレから逃げたいビーと元カノの気を引いてヨリを戻したいベンは互いの望みを叶えるためにフェイクカップルの契約を締結。ふたりは最高のカップルを演じきることができるのか……!?

出演：シドニー・スウィーニー、グレン・パウエル、アレクサンドラ・シップ
監督：ウィル・グラック　**脚本**：イラナ・ウォルパートほか　**製作・公開**：アメリカ・2023年

マッチングアプリで恋を探すアラサー女子の学ぶべきことが詰まっている!

『ラブ・ハード』

自身の恋愛失敗談を書くことで生計を立てる、ロサンゼルス在住の記者ナタリー。ある日、マッチングアプリで完璧な男性ジョシュと出会い、すぐに意気投合。今度こそは運命の人に違いないと確信し、クリスマスシーズンにサプライズでジョシュが住むニューヨークへと飛び立つことに。心躍らせジョシュの家へと向かったが、彼女の目の前に現れた彼は写真とは似ても似つかない全く違う人物だった……。

出演：ニーナ・ドブレフ、ジミー・O・ヤン、ダレン・バーネット
監督：エルナン・ヒメネス　**脚本**：ダニエル・マッケイほか
製作・公開：アメリカ・2021年（Netflixオリジナル映画）

おわりに

高橋芳朗

1990年代半ばにはすでに顔見知りだったジェーン・スーさんと親しくなったのは、確か2005年ごろ。mixiで『アリー my Love』や『セックス・アンド・ザ・シティ』について意見交換したことがきっかけだったので、その延長ともいえるラブコメディについての語らいをこうして1冊の本にまとめることができたのは非常に感慨深いものがあります。

今回の書籍の出発点になったスーさんとのラブコメ映画連載が『GQ JAPAN』のウェブでスタートしたのは、2017年10月21日。これはちょうど米紙『ニューヨーク・タイムズ』のふたりの記者、ジョディ・カンターとミーガン・トゥーイーが映画プロデューサーのハーヴェイ・ワインスタインによる数十年に及ぶセクシャルハラスメントを告発し（10月5日）、俳優のアリッサ・ミラノが同様の被害を受けた女性たちに向けて声をあげるようツイッターで呼び掛けた（10月15日）直後、つまり#MeToo運動が巨大なムーブメントへと発展していくまさにそのときでした。

この大きな時代の転換期のなかで連載を進めていくことにより、ラブコメディへの向き合い方はおのずと変わっていきました。新しい発見も数え切れないほどありましたが、かつて心酔した作品がまったく心に響かなくなっていたこともしばしば。むしろ、公開当時の評価がいまもなお有効なケースのほうが稀だったかもしれません。これは、自分にとってかつてない衝撃的な映画体験でした。もし連載のスタートが1～2年早かったら、それぞれの映画に対するスタンスはもちろん、取り上げる映画の選定自体も微妙に異なっていたのではないでしょうか。

一方、ジェンダー感覚がアップデートされた新しい時代のラブコメディとの思いがけない出会いもたくさんありました。そして、それらの意義についてスーさんと語り合い、その存在を広くアピールすることができたのは、長年ラブコメディを追ってきた身として格別の喜びでした。これは、まちがいなく定点観測を続けてきたからこその醍醐味。連載を通じて得た最大の収穫です。

こうして振り返ってみると、ラブコメディの魅力を改めて考え訴えていくにあたって、この対談は絶好のタイミングで始められたと思います。近年は#MeTooに限らずあらゆるフィールドで旧来的価値観からの脱却が叫ばれていますが、そんな状況のなか本書はラブコメディの本来的な良さを踏まえつつ、時流に則した新しい楽しみ方を提案できていると自負しています。あとはいつの日か、読者の皆さんと一緒に大きなスクリーンでラブコメ鑑賞ができたら最高です。

本書は、２０２１年にポプラ社より刊行した
『新しい出会いなんて期待できないんだから、
誰かの恋観てリハビリするしかない』を改題し、
対談を追加して、文庫化したものです。

ブックデザイン　芥陽子
イラストレーション　WALNUT
編集協力　山本真由

ジェーン・スー 

東京都出身。作詞家、コラムニスト。TBS ラジオ「ジェーン・スー 生活は踊る」、ポッドキャスト番組「ジェーン・スーと堀井美香の『OVER THE SUN』」「となりの雑談」のパーソナリティーとして活躍中。著書に『貴様いつまで女子でいるつもりだ問題』（幻冬舎文庫、第 31 回講談社エッセイ賞受賞）、『へこたれてなんかいられない』（中央公論社）など多数。

高橋芳朗 

東京都出身。音楽ジャーナリスト・ラジオパーソナリティ・選曲家。著書に『マーベル・シネマティック・ユニバース音楽考』（イースト・プレス）『ディス・イズ・アメリカ「トランプ時代」のポップミュージック』（スモール出版）など。ラジオの出演・選曲は TBS ラジオ『ジェーン・スー 生活は踊る』『アフター 6 ジャンクション 2』『金曜ボイスログ』など。

映画じゃないんだから、
うまくいかなくても大丈夫。

ジェーン・スー　高橋芳朗

2025年4月9日　第1刷発行

発行者　加藤裕樹
発行所　株式会社ポプラ社
〒141-8210　東京都品川区西五反田3-5-8
JR目黒MARCビル12階
ホームページ　www.poplar.co.jp
フォーマットデザイン　bookwall
組版　株式会社三協美術
印刷・製本　中央精版印刷株式会社

© Jane Su, Yoshiaki Takahashi 2025 Printed in Japan
N.D.C. 914/287P/15cm/ISBN978-4-591-18587-2

落丁・乱丁本はお取り替えいたします。
ホームページ(www.poplar.co.jp)のお問い合わせ一覧よりご連絡ください。

本書のコピー、スキャン、デジタル化等の無断複製は著作権法上での例外を除き禁じられています。本書を代行業者等の第三者に依頼してスキャンやデジタル化することは、たとえ個人や家庭内での利用であっても著作権法上認められておりません。

みなさまからの感想をお待ちしております

本の感想やご意見をぜひお寄せください。いただいた感想は著者にお伝えいたします。

ご協力いただいた方には、ポプラ社からの新刊やイベント情報など、最新情報のご案内をお送りします。

P8101514